Stefan Schöner

Viel mehr Urlaub auf hoher See

Neue heitere Kurzgeschichten

rund um die schönste Urlaubsform der Welt

Bibliografische Information der Deutschen Bibliothek:
Die Deutsche Bibliothek verzeichnet diese Publikation in der Deutschen Nationalbibliografie; detaillierte bibliografische Daten sind im Internet über http://dnb.ddb.de abrufbar.

Impressum

ISBN: 978-3-939408-56-7
Text: Stefan Schöner
Lektorat: Karsten-Thilo Raab
Layout: Ulrike Katrin Peters
Titelillustration: Birgit Tanck

Weitere Informationen zum aktuellen Verlagsprogramm finden Sie im Internet unter:
www.westfluegel-verlag.de

Inhaltsverzeichnis

Artikel 75

„Du, Schatz, ich fürchte, wir haben ein Problem!", teile ich meiner Frau während des Abendessens mit. „Ein Problem mit deinem Schmerzmittel."
„Bitte?", fragt meine Frau irritiert. „Wieso haben wir ein Problem?"
„Weil wir, wie du ja weißt, in ein paar Wochen verreisen wollen", erläutere ich ihr. „Nach Spanien. Ins Ausland also."

Meine arme Frau gehört nämlich zu den Patienten, die an chronischen Schmerzen leiden. Bei ihr ist das mittlerweile so schlimm, dass ihr normale Schmerzmittel und Tabletten nicht mehr richtig helfen, weswegen ihr Schmerztherapeut sie vor kurzem auf eine neue Medikation umgestellt hat. Sie bekommt jetzt ihr Medikament durch eine so genannte „transdermale Applikation" verabreicht, unter Laien auch als „Pflaster" bekannt, das auf die Haut aufgeklebt den Wirkstoff über mehrere Tage hinweg kontinuierlich abgibt. Beim Wirkstoff handelt es sich um ein Morphin, eine Substanz also, die eigentlich als Droge gilt und auch für medizinische Zwecke nur unter strengsten Auflagen erhältlich ist. Eine Substanz, die auch innerhalb der Europäischen Union nicht so ohne weiteres über Binnengrenzen transportiert werden darf.
Nicht mal als transdermale Applikation.
Nicht mal im Milligramm-Bereich.
Aber da die EU natürlich glücklicherweise alles reglementiert und detailliert regelt, von den Menschenrechten bis hin zum Import von Karamellbonbons, gibt es, so habe ich festgestellt und erkläre ich nun meiner Frau, natürlich auch für das Mitführen von Suchtstoffen innerhalb der EU eine Regelung, festgelegt in Artikel 75 des Schengener Durchführungsübereinkommens vom 19. Juni 1990, dem Beschluss des Exekutivausschusses vom 22. Dezember 1994 sowie der Bekanntmachung über das Mitführen von Betäubungsmitteln in die Vertragsparteien des Schengener Abkommens vom 27. März 1995, zuletzt geändert durch Bekanntmachung vom 11. Juni 2001.

Meine Frau betrachtet mich leicht angewidert, so, als hätte ich eben chinesisch gesprochen. Irgendeinen exotischen und schon lange ausgestorbenen chinesischen Dialekt.
„Du meinst also", erkundigt sie sich schließlich, „ich darf tatsächlich meine lumpigen Morphin-Pflaster nicht ohne weiteres nach Spanien mitnehmen?"
Ich nicke.
„Quatsch!", kommentiert meine Frau. „Wer soll das denn merken?"
Ich zucke die Schultern.
„Aber wenn ´ s doch im Rahmen einer Kontrolle auffällt", gebe ich ihr zu bedenken, „dann machst du dich möglicherweise des Drogenschmuggels schuldig. Beschwer dich nicht bei mir, wenn du anstatt auf dem Kreuzfahrtschiff in einem spanischen Untersuchungsgefängnis landest!"
Meine Frau guckt mich erschreckt an. In ein spanisches Gefängnis will sie nicht, das ist klar.
„Na gut", lenkt sie schließlich ein, „was müssen wir unternehmen?"

Zwei Tage später sitzen wir vor dem Schreibtisch unseres Hausarztes.
„Wie geht ´ s Ihnen denn?", eröffnet er leutselig das Gespräch.
„Bestens!", strahle ich ihn an. „Aber wir brauchen eine Bescheinigung für die buprenorphinhaltige transdermale Applikation meiner Frau⋯"
„⋯ nach Artikel 75 des Schengener Durchführungsübereinkommens⋯", wirft meine Frau ein.
„⋯ weil wir nach Spanien fahren wollen", ergänze ich.
„⋯ und weil ich nicht in ein spanisches Gefängnis will!", rundet meine Frau die Information ab.
Unser Hausarzt guckt mit leicht glasigem Blick von ihr zu mir und wieder zurück, wie der Zuschauer bei einem Tennismatch, der eben einen Tennisball voll auf die Zwölf bekommen hat.
„Transdermale⋯ ach so, Sie meinen die Morphin-Pflaster!", murmelt er schließlich und räumt nach einigem Zögern ein, dass er von

der Notwendigkeit einer solchen Bescheinigung auch schon mal was gehört habe.
„Aber ich habe den Vordruck nicht da“, bedauert er schließlich.
„Das macht gar nichts“, informiere ich ihn lächelnd. Im Zeitalter des Internets ist schließlich fast alles online zu bekommen, und das notwendige Formular „BfArM 017“ kann man selbst schnell und bequem von der Homepage der Bundes-Opiumstelle herunterladen. Was ich zu seiner Erleichterung übrigens zu Hause, vor unserem Besuch in der Praxis, bereits gemacht habe.
Seine Erleichterung verliert sich aber sehr schnell, als wir das Formular Punkt für Punkt durchgehen. Die notwendigen Angaben sind nämlich sehr detailliert, manchmal sind die Fragen auch nicht eindeutig, und für die Information, dass meine Frau für alle Fälle ein Reservepflaster mitnehmen will, falls sich eines mal vorzeitig ablöst, ist überhaupt kein Raum vorgesehen. Aber schließlich ist es geschafft. Eine gar nicht glücklich wirkende Arzthelferin bekommt den mit Arztschrift bedeckten Entwurf und ein neues Blanko-Formular für die Reinschrift, und schließlich machen meine Frau und ich uns auf den Heimweg.
„Das hat jetzt eine ganze Stunde gedauert. Und das müssen wir jetzt vor jeder Reise durchziehen?“, fragt meine Frau ungläubig. „Vor jeder einzelnen Reise?“
Ich nicke: „Ja, leider. Aber keine Angst, in zwei, drei Jahren, wenn wir und der Arzt das ein paar Mal gemacht haben, geht ´ s bestimmt schneller. Dann haben wir Routine.“
„Na ja“, seufzt meine Frau, „für dieses Mal haben wir ´ s ja hinter uns.“
„Äh··· nein!“, muss ich ihr mit Bedauern in der Stimme widersprechen. „Noch nicht ganz. Die Bescheinigung muss jetzt noch beglaubigt werden.“
Irgendwie ja klar. Einen Arztstempel könnte schließlich ja jeder fälschen.
„Was?“, fährt meine Frau hoch. „Eine Beglaubigung? Wir müssen jetzt noch zu einem Notar?“
„Nein, nein!“, entgegne ich. „Nur zur Landesgesundheitsbehörde.“
Meine Frau ist der Panik nahe.

„Landesgesundheitsbehörde? Sag jetzt bitte nicht, dass wir noch nach München fahren müssen?“
„Nein“, entgegne ich müde, „die Landesgesundheitsbehörde gibt ´ s hier vor Ort.“

Am nächsten Nachmittag stehen wir am Informationsschalter im Foyer der hiesigen Vertretung der Landesgesundheitsbehörde, in Bayern unter Laien auch als „Gesundheitsamt“ bekannt.
„Wir brauchen eine Beglaubigung einer Bescheinigung nach Artikel 75 des Schengener Durchführungsübereinkommens“, informiere ich Dame am Schalter.
„Ich will nämlich nicht in ein spanisches Gefängnis“, ergänzt meine Frau.
Die Dame am Schalter nickt freundlich und wirkt – zu meiner nicht geringen Überraschung – nicht im Geringsten überrascht.
„Kein Problem!“, zwitschert sie professionell. „Die kriegen Sie auf Zimmer 175.“
„Und wo ist Zimmer 175?“, erkundige ich mich.
„Ganz einfach den Gang dort hinunter, durch die Glastür in den Innenhof, und auf der anderen Seite in den ersten Stock“, erklärt sie mir. „Ist nicht zu verfehlen.“
Ich blicke in die angegebene Richtung und sehe einen langen, langen, sehr langen Korridor. Oh Mann, wenn das ein Hafenkai wäre, würden dort glatt drei Kreuzfahrtschiffe gleichzeitig anlegen können. Drei Schiffe von der ganz großen Sorte. Ganz am Ende, kaum wahrnehmbar, blitzt ein winziges Licht: wohl die Glastür zum Innenhof.
Ich seufze.
„Und wann fährt der nächste Shuttlebus?“, möchte ich von der Informationsdame wissen, ernte aber hier von ihr nur einen verständnislosen Blick und einen kräftigen Rippenstoß von meiner besseren Hälfte. Ja, ja, schon gut, ich hab ´ s verstanden. Es gibt keinen Shuttlebus. Hier sind Schusters Rappen angesagt.
Zimmer 175 erweist sich schließlich, nach forscher Wanderung, als das Sekretariat der Amtsärzte. Ich lege die Bescheinigung unseres Hausarztes vor.

„Ich bräuchte eine Beglaubigung…", keuche ich und werde prompt von der Sekretärin unterbrochen.
„Lege ich gleich dem Amtsarzt vor", versichert sie freundlich und nimmt die Bescheinigung entgegen. „Sie können derweil die Gebühr bezahlen. Macht nämlich acht Euro fuffzich."
Sie lacht leise, als ich meinen Geldbeutel aus der Tasche ziehe, und drückt mir einen Zahlungsbeleg in die Hand.
„Nein, nicht bei mir. Das müssen Sie bei der Hauptkasse einzahlen. Die finden Sie im Foyer, direkt neben der Information."
Mit diesen Worten eilt sie ins Nachbarzimmer, und meine Frau guckt mich verzweifelt an: „Also, noch zwei Mal laufe ich diese Strecke aber nicht!"
„Musst du auch nicht", tröste ich sie. „Das mache ich. Du wartest einfach hier."
Ich weise auf eine Wartezone, in der zwei oder drei mitleiderregend krank wirkende Gestalten auf den Amtsarzt warten. Oder auf ein Wunder. Oder auf was sonst auch immer.
„Aber tu mir einen Gefallen", ermahne ich sie leise, „und versuch bitte, dich nicht mit irgendwas Unheilbarem anzustecken!"
Meine Frau nickt tapfer, schließlich will sie ja aufs Schiff und nicht in ein spanisches Gefängnis. Ich mache mich wieder auf die Socken und sinniere dabei, dass ein spanisches Gefängnis vielleicht sogar seine Vorzüge hätte. Zumindest gäbe es dort wahrscheinlich keine solchen elend langen Korridore. Zurück zum Foyer, zur Hauptkasse, um acht Euro fünfzig zu bezahlen. Und dann wieder auf Zimmer 175, um meine beglaubigte Bescheinigung nach Artikel 75 des Schengener Durchführungsübereinkommens und meine hoffentlich noch gesunde Frau abzuholen.

Als wir schließlich das Gesundheitsamt verlassen, knirscht meine Frau erbost mit den Zähnen.
„So ein elender Aufwand!", bricht es schließlich aus ihr heraus. „Verdammte EU!"
„Also, wenn du so auf die EU schimpfst", weise ich sie zurecht, „dann bin ich jetzt schon gespannt, was du nächstes Jahr sagen wirst."
„Wieso? Was ist denn nächstes Jahr?", will meine Frau wissen.

„Nächstes Jahr", antworte ich ihr grimmig, „nächstes Jahr wollen wir nach Dubai fliegen···"

Höhere Mathematik

Wir – meine Frau und ich – sitzen in Fort Lauderdale im Kreuzfahrtterminal und warten darauf, an Bord des Schiffes gehen zu dürfen, das uns die nächsten zwei Wochen durch die Karibik fahren wird.
Zwei Wochen traumhafte, tropische Inseln und gutes Essen.
Zwei Wochen Entspannung und Nichtstun.
Tolle Aussichten, da sind wir uns einig. Auf jeden Fall den Stress und die Unbequemlichkeit des Langstreckenfluges wert, den wir gestern absolvieren mussten, um hierher zu kommen.

Um uns herum sitzen etliche unserer Mitreisenden, viele in fortgeschrittenem Alter, denn diese Reederei ist gerade bei älterem Publikum sehr beliebt. Sie alle warten wie wir auf die Einschiffung. Jeder von ihnen hat, so wie wir auch, einen Zettel in den Händen, auf dem eine Nummer steht. Unsere Einschiffungsnummer.
„17", so steht auf unserem Zettel zu lesen. Über dem Eingang zur Gangway ist eine Leuchttafel angebracht, und wenn sie „17" anzeigt, dürfen wir an Bord.
Zur Zeit zeigt sie allerdings „11" – nein, gerade jetzt, als ich hinsehe, wechselt die Anzeige auf „12". Ach ja, geht ja doch recht flott. Da haben wir in Sachen Einschiffung schon Schlimmeres erlebt…

Ein Herr, der einige Plätze weiter sitzt, hält eine Hostess an, die gerade vorüber eilt.
„Wird es noch lange dauern?", erkundigt er sich und zeigt der Hostess seine Einschiffungsnummer.
Die wirft einen kurzen Blick darauf.
„Sie haben Nummer 15", informiert sie den Herren freundlich. Sie schlägt dabei genau den Tonfall an, den Menschen benutzen, wenn sie mit Tieren, kleinen Kindern oder geistig Behinderten sprechen.
„Ich fürchte, Sie müssen noch etwas warten, zuerst werden nämlich noch die Nummern 13 und 14 aufgerufen."
„Ach was!", murmelt die Ehefrau des Herren, der ja offenbar nur nach der voraussichtlichen Wartezeit fragte. Sie bringt es fertig, be-

achtlich viel Sarkasmus in die beiden kleinen Worte und packen, und wirft dabei der Hostess einen ungehaltenen Blick zu.
„Da wäre ich jetzt aber nicht von allein drauf gekommen."
„Ja, ja", mischt sich meine Frau in das Gespräch ein. „Und nach der Nummer 15, wenn Sie an Bord gehen können, folgt Nummer 16. Und dann?"
Sie wirft der Hostess einen fragenden Blick zu, der ratlos erwidert wird, und zeigt ihr schließlich demonstrativ unsere Nummer 17.
„Äh··· ja···", stottert die Ärmste, wird rot und beschließt, ganz woanders etwas zu tun zu haben. Etwas, das offenbar extrem wichtig ist, nicht den geringsten Aufschub duldet und schon gar nicht die Zeit kosten darf, die sie benötigen würde, auf die Frage meiner Frau einzugehen.

Die schaut der davon eilenden Hostess kopfschüttelnd nach.
„Seltsame Sache", meint sie dann. „Hält die uns für dement?"
„Glaube ich nicht", antworte ich schließlich nachdenklich. „Aber du darfst einfach nicht immer so viel erwarten. Schließlich wäre die Antwort auf deine Frage ja wirklich schon höhere Mathematik gewesen."

Bettdecke

„Ach nein! Nicht schon wieder!"

Dieser Ausruf meiner Frau bewegt mich, mich umzudrehen und nach der Ursache für ihren Unwillen zu forschen. Wir haben nämlich eben die Einschiffung hinter uns gebracht und beziehen gerade unsere Kabine. Unser Zuhause für die nächsten drei Wochen, in denen uns unser Schiff von Amerika zurück nach Europa bringen wird.

Mit vielen, interessanten Zwischenstopps.

Mit guter Verpflegung und gutem Service.

Mit jeder Menge Zeit dazwischen, einfach mal die Seele baumeln zu lassen.

Einfach traumhaft, diese Aussichten.

Von daher kann ich eigentlich nicht so ganz nachvollziehen, was meine Frau da eigentlich stört···

Es ist die Bettdecke, wie ich nach kurzem Nachfragen feststelle.

Wir haben wie immer ein Doppelbett, und wie auf Kreuzfahrtschiffen üblich ist dieses Bett „international" bezogen, wie ich das für mich nenne. Das bedeutet, dass es eine große Bettdecke gibt, die am Fußende und an den Seiten unter die Matratze gestopft wird.

Eine Bettdecke ist aber das Stichwort.

Eine gemeinsam für zwei Betten···

„Was denn?", frage ich meine Frau, leichthin, ohne groß nachzudenken. „Was hast du dagegen, mit mir eine Decke zu teilen? Groß genug ist sie doch!"

„Ist sie eben nicht!", hält mir meine Frau unwillig entgegen. „Nicht bei deinem unruhigen Schlaf. Du gibt doch erst Ruhe, wenn du die ganze Decke um dich herumgewickelt hast, egal, wie groß sie ist. Und ich muss dann frieren! Und das drei Wochen lang? Nein, auf keinen Fall!"

Nun gut, ich schlafe tatsächlich, das muss ich einräumen, manchmal etwas unruhig. Und ich neige tatsächlich dazu, mich in meine

Bettwäsche zu wickeln. Wo meine Frau recht hat, hat sie recht. Bei näherer Betrachtung eigentlich keine Überraschung, oder?
Aber das macht ja nichts. Hatten wir ja schließlich vorher, bei anderen Reisen ja auch schon.
„Na gut, dann lassen wir das Bett eben anders beziehen", informiere ich sie achselzuckend und greife zum Telefon, um unseren Kabinensteward herbei zu zitieren.

Der Steward erscheint prompt weniger als fünf Minuten später und entpuppt sich als Stewardess.
Ich erkläre ihr kurz unser Problem und bitte darum, einfach zwei Bettdecken bereit zu stellen. Was allerdings bisher noch nie ein Problem darstellte, ist zu meiner Überraschung für die nette Philippinin ein ziemlich großes. Sie guckt verständnislos zwischen uns und dem einwandfrei gemachten Bett hin und her.
Zwei Bettdecken?
Hm.
Ob wir vielleicht die Betten auseinander gestellt wünschen?
Nein, wünschen wir nicht. Das Doppelbett ist für uns völlig in Ordnung. Wir möchten nur zwei Decken dafür statt einer.
Ratloses Kopfkratzen.
Wie wir uns das vorstellten? Sollen die Decken vielleicht aufeinander liegen? Das würde dann aber ziemlich warm werden···
Nein, nicht aufeinander. Nebeneinander. Eine links, eine rechts.
Verständnisloser Blick.
Ein Doppelbett, aber zwei Decken nebeneinander?
Ja. Genau. Für jeden von uns eine. Eine für meine Frau, eine für mich. So, als ob wir zwei Einzelbetten hätten. Aber auf dem Doppelbett, bitte.
Zweifelndes Abschätzen, dann Kopfschütteln.
Ein Doppelbett, aber zwei Bettdecken? Mann, oh Mann, Leute gibt's···
Zu guter Letzt versichert sie uns, alles so zu richten, wie wir wünschen und verabschiedet sich.
„Die hatte es aber jetzt eilig!", meint meine Frau kritisch.

„Ja, sie muss dieses spezielle Problem jetzt vermutlich mit der Hausdame abklären“, spekuliere ich, bevor ich mich daran mache, die Koffer auszupacken.

Als wir am Abend, nach dem Dinner, auf unsere Kabine zurückkehren, ist sie bereits für die Nacht gerichtet. Die Vorhänge vor dem Fenster sind zugezogen, die Nachttischlampen verbreiten gedämpftes, gemütliches Licht. Auf den Kopfkissen ruhen zwei Pralinen als Betthupferln und warten darauf, von uns – also, eigentlich eher von mir – verspeist zu werden.

Und die Bettdecke ist einladend zurückgeschlagen.

„Die Stewardess hat glatt vergessen, uns eine zweite Decke zu bringen!“, ruft meine Frau erbost. „So ein Schludrian!“

„Nein, nein“, beruhige ich sie, „sie hat es nicht vergessen. Schau her!“

Und ich zeige ihr, dass in den Bezug der Bettdecke sorgfältig zwei Decken eingezogen wurden. Aufeinander···

„Tja“, meine ich, zu meiner Frau gewandt“, nun musst du mit mir doch unter eine Decke.“

Sie setzt sich resigniert auf das Bett.

„Zur nächsten Reise nehme ich einen Tacker mit!“, verkündet sie dann.

„Einen Tacker?“, frage ich überrascht und, zugegeben, mit etwas undeutlicher Aussprache, denn ich habe gerade eine der Pralinen im Mund. „Wozu brauchst du einen Tacker?“

„Für die Decke“, informiert mich meine Frau. „Damit ich sie auf meiner Seite am Bett fest tackern kann...

Rettungsboot

Es ist mal wieder soweit: Wir stechen in See. Zu einer Kreuzfahrt. Die schönste Zeit des Jahres. Und wieder mal müssen wir, kaum an Bord eingetroffen, zur Rettungsübung. Diese Übung ist gesetzlich vorgeschrieben, egal, wie oft man schon auf See war und egal, wie oft man an einer solchen Veranstaltung teilgenommen hat.
Also finden meine Frau und ich uns auf das Signal des Schiffshorns hin ordnungsgemäß auf unserer Rettungsstation ein: auf dem Promenadendeck. Über uns hängt unser Rettungsboot in seinen Davits, vor uns befindet sich die Pforte in der Reling, die geöffnet werden wird, sollte das Boot tatsächlich irgendwann mal zum Einsatz kommen. Wir tragen vorschriftsgemäß unsere orangen Rettungswesten, in denen ich immer zum Schwitzen neige und daher froh bin, wenn ich sie endlich wieder los bin.

Was heute allerdings durchaus noch eine Weile dauern kann.
Heute überwacht nämlich der griechische Kapitän persönlich die Übung. Kritisch mustert er den unordentlichen, drängelnden Passagierauflauf auf dem Deck und beschließt ganz offensichtlich, erst mal Ordnung in diesen Sauhaufen zu bringen. Als erstes lässt er daher uns und unsere Mitreisenden in ordentlich ausgerichteten Reihen aufstellen, was seine Offiziere unter großem Geschrei, viel Gefuchtel und dem gellenden Einsatz von Trillerpfeifen für ihn erledigen. Dann, endlich ordentlich ausgerichtet, müssen wir uns neu sortieren. Der Größe nach. Die Großen in die hinteren Reihe, die kleineren Passagiere müssen nach vorne.
„Sind wir hier auf einem Kasernenhof?“, grollt meine Frau leise, als ich mich in die Reihe hinter ihr quetsche.
Recht hat sie. Wie immer. Hilft aber leider nichts. Schließlich ist das Wort des Kapitäns an Bord Gesetz.
Als zum Schluss die Schiebereien abflauen und tatsächlich eine gewisse Ordnung erkennbar wird, kommt die letzte Umstellung: Frauen und Kinder, unabhängig von ihrer Größe, müssen auf jeden Fall nach vorne, schließlich dürfen sie im Fall des Falles als erste

ins Boot. Frauen und Kinder zuerst. Bekannt als der so genannte „Birkenhead-Drill". Und ich dachte bisher immer, diese Regel sei im April 1912 im Nordatlantik versunken? Ist wohl irgendwie noch nicht nach Griechenland durchgedrungen, scheint mir···

So – das ist endlich auch erledigt.
Mit dem strengen Blick eines Unteroffiziers und dem gemessenen Schritt eines Staatschefs auf Auslandsbesuch vor dem für ihn aufmarschierten Ehren-Bataillon schreitet der Kapitän die gesamte Länge des Promenadendecks ab, prüft hier und da den Sitz einer Rettungsweste und korrigiert beim einen oder anderen Reisenden die Lage der Verschlüsse.
Allerdings, so wird schnell klar, nur bei den jüngeren, weiblichen Passagieren.
Seltsam, seltsam···
Irgendwann sitzt aber auch die letzte Schwimmweste richtig. Ich atme auf, als der Vortrag über das richtige Besteigen der Boote beginnt, und will mir gerade den Schweiß von der Stirn wischen, als auf einmal jemand neben mir an meinem Ärmel zupft. Ich sehe zur Seite: Eine Engländerin. Älteres Baujahr. Ziemlich klein, also in meiner Reihe eigentlich fehl am Platz. Ihre Schwimmweste hängt zudem ziemlich schief, mit weghängenden Gurten und insgesamt garantiert nicht vorschriftsmäßig eingestellt an ihr.
„Warum hat der Kapitän das nicht korrigiert?", frage ich mich kurz. Nun ja. Ich komme zu dem Schluss, dass die Dame in seinen Augen vermutlich einfach schon zu alt ist, um diese Mühe zu lohnen.
„Wie um alles in der Welt soll ich denn dort hinauf zu dem Boot kommen?", fragt sie mich kläglich und weist auf das über uns fest gelaschte Rettungsboot. „Etwa über diese Leiter?"
Ihr Finger deutet auf eine schmale Leiter an der Wand der Aufbauten.
Einen Augenblick verstehe ich gar nicht, was sie überhaupt will. Wieso soll denn jemand zum Boot hochklettern wollen?
Dann begreife ich.

„Müssen Sie nicht!", erkläre ich ihr und lächle sie beruhigend an. „Das ist nur eine Wartungsleiter. Im Ernstfall wird das Boot zu Ihnen heruntergelassen."
Panik breitet sich auf ihrem Gesicht aus.
„Hierher, meinen Sie, auf das Deck? Dann werden wir ja alle zerquetscht!"
Ich seufze leise und versuche, ihr die Prozedur möglichst kurz zu erklären: „Nein, nein! Das Boot wird nach außen geschwungen, bis es neben dem Schiff hängt. Dann fiert man es ab, bis es auf Höhe des Decks ist. Und durch diese Pforte geöffnet", ich weise auf die Pforte in der Reling, „können wir alle ganz einfach und bequem einsteigen."
Die Panik in ihrem Ausdruck schwächt sich zu Sorge ab.
„Und das müssen wir heute üben?"
Wieder schüttle ich den Kopf. Nein, das wird heute nicht geübt. Bedauerlicherweise, in meinen Augen. Wäre nämlich sicher mal ganz interessant. Allein um sie sehen, was dann alles schief geht. Und ob die strenge Kasernenhof-Ordnung beim Einsteigen tatsächlich zu halten wäre. Oh Mann, das gäbe sicherlich Stoff für ein Dutzend Kurzgeschichten!

Allerdings legt die Reederei, da bin ich mir sicher, größten Wert darauf, mit möglichst genau der Zahl an Gästen zurückzukehren, mit der sie aufbrach.
Und darauf, dass diese Gäste auch wieder kommen…

Guten Morgen!

Es ist spät am Abend. Meine Frau und ich sitzen auf unserem Balkon – Verzeihung, auf unserem „privaten Promenadendeck", wie unsere Reederei nicht müde wird, den Balkon zu nennen. Wir haben uns nämlich für diese Reise den Luxus gegönnt, eine der höheren Kabinenkategorien zu buchen, eine so genannte Junior-Suite. Zu den Annehmlichkeiten dieser Kategorie gehört neben dem großen Balkon mit Liegestühlen, auf dem wir heute Abend ein Gläschen Wein getrunken und dem Sonnenuntergang zugesehen haben, auch ein recht großer Wohnbereich. Ein Tisch, ein großes Sofa, ein Polstersessel, fast schon ein richtiges, kleines Wohnzimmer, in dem man zum Beispiel auch mal in Ruhe und Frieden frühstücken kann.
Apropos Frühstück…
„Morgen früh haben wir einen Landausflug!", erinnere ich meine Frau. „Um neun Uhr müssen wir am Treffpunkt sein. Denk daran, dass ich den Wecker stelle!"
„Landausflug?", meint meine Frau nachdenklich, während sie die die Wolldecke, die sie über ihre Beine gelegt hatte, zusammenfaltet. „Hm. Nicht genug Zeit für ein ausgedehntes Frühstück im Speisesaal, und die Hektik am Büffet reizt mich auch nicht. Ach, bestell doch einfach den Kabinenservice!"
Klar, aber gerne doch.
Ich hole das Bestellformular und einen Kugelschreiber, gehe mit meiner Frau durch, was sie morgen früh essen möchte und denke dann laut nach: „Der Ausflug beginnt um neun. Dann bestelle ich den Kabinenservice auf die Zeit zwischen sieben und halb acht. Ja, das kommt hin. Dann können wir in Ruhe essen und haben noch genug Zeit, um uns landfertig zu machen…"
Meine Frau genehmigt diese Überlegung mit einem Nicken. Ich kreuze auf der Bestellkarte unter der Überschrift „Lieferzeit" das Kästchen „07.00 – 07.30 Uhr" an, kontrolliere noch einmal alle Eintragungen und hänge die Karte außen an unsere Kabinentür.
So, fertig.
So einfach ist das.

Und als ich ins Bett gehe, stelle ich noch unseren Wecker auf einige Minuten vor sieben Uhr.
Damit ich genug Zeit habe, das Licht anzuschalten.
Meine Brille zu suchen und aufzusetzen.
Meinen Morgenmantel anzuziehen.
In meine Pantoffeln zu schlüpfen.
Mich noch mal ausgiebig zu strecken.
Mit einem Wort, genug Zeit, um in aller Ruhe wach zu werden. Und wenn dann der Kabinenservice an die Tür klopft, dann kann der Tag richtig gut beginnen.
Ich lächle vor mich hin, als ich mit diesem Gedanken einschlafe…

… nur, um nach gefühlten zehn Sekunden aufrecht im Bett zu sitzen. Ich weiß nicht, was mich so plötzlich geweckt hat, bis sich das Geräusch wiederholt.
Ein heftiges Geräusch. Ein lautes Dröhnen und Krachen. Klingt fast ein wenig wie Geschützdonner…
Offenbar, so stelle ich schlaftrunken fest, steht ein Überfallkommando draußen auf dem Kabinengang. Schwere Springerstiefel bollern gegen unsere Kabinentür. Eine durch ein leistungsfähiges Megafon verstärkte Stimme brüllt einige englische Worte, von denen ich nur das Wort „BREAKFAST" zu verstehen glaube, durch das ganze Schiff; ich kann direkt hören, wie das Echo vom anderen Ende des langen Kabinengangs donnernd zurückhallt.
Was „Breakfast" bedeutet, das weiß ich zwar eigentlich. Eigentlich. Was es aber im Kontext des laufenden Armee-Einsatzes auf dem Gang heißen soll, das erschließt sich mir aber momentan nicht so richtig. Eigentlich klingen das Gebrüll dort draußen für mich eher nach: „KOMMEN SIE MIT ERHOBENEN HÄNDEN HERAUS UND MACHEN SIE KEINEN ÄRGER!"
Mit hämmerndem Herzen suche ich nach dem Lichtschalter – und finde ihn nicht.
Ich taste nach meiner Brille – vergebens.
Ich schwinge im Dunkeln meine Beine aus dem Bett, verheddere mich im Bettlaken und falle mehr aus dem Bett als dass ich aufstehe.

Von Adrenalin durchflutet taste ich mich an der Wand entlang in Richtung unserer Kabinentür, nur noch auf die Hoffnung konzentriert, die Tür zu öffnen, bevor das Überfallkommando dort draußen auf dem Gang Rammbock, Tränengas und, Gott behüte, wirklich schweres Geschütz einsetzt. Ich finde einen Türgriff, drücke ihn, rüttle verzweifelt daran. Vergebens. Die Tür will sich nicht rühren. Keinen Zentimeter.

Erneut versuchen schwere Stiefel, die Tür einzutreten, und ich gerate in Panik, schaffe es aber einfach nicht, sie zu öffnen.

Dann auf einmal: Licht. Herrliches Licht.

Meine Frau hat den Schalter für ihre Leselampe gefunden. In ihrem trüben Schrein erkenne ich, dass ich gar nicht an der Kabinentür, sonder an der Tür zum Badezimmer gerüttelt habe. Blitzschnell korrigiere ich meinen Irrtum und reiße verzweifelt, auf das Schlimmste gefasst, damit rechnend, dass ich um unser Leben betteln muss, endlich, endlich die Kabinentür auf.

Draußen steht···

Nein, es handelt sich nicht um ein Überfallkommando.

Niemand in Springerstiefeln.

Kein Rammbock, kein Tränengas, keine Geschütze.

Nicht einmal ein Megaphon ist sichtbar.

Draußen steht nur ein netter, indonesischer Steward, ordentlich in eine blaue Livree mit goldenen Knöpfen gekleidet, eine blaue Mütze auf dem Kopf. Er balanciert ein großes Tablett auf einer Hand.

„Guten Morgen, Sir!", begrüßt er mich fröhlich. „Ich bringe Ihr Frühstück!"

Mit diesen Worten quetscht er sich an mir vorbei, nickt meiner Frau – die ihre Bettdecke furchtsam-verschämt bis zu ihrem kalkweißen Gesicht hochgezogen hat – freundlich zu und setzt das Tablett auf dem Tisch im Wohnbereich ab. Er arrangiert noch kurz die Blumen in der Vase auf dem Tablett, rutscht den Sessel an den Tisch und wünscht uns munter ein angenehmes Frühstück. Dann zieht er sich diskret zurück.

Schweigen breitet sich in unserer Suite aus.

Meine Frau bricht es schließlich: „Der Wecker!"
Ihre Stimme klingt so, wie sich meine Knie anfühlen: zittrig.
„Der verdammte Wecker! Er muss versagt haben!"
Ich lasse mich müde auf den Rand meines Bettes sinken und werfe einen Blick auf den Wecker. Scheint, dass meine Frau wie immer recht hat. Das blöde Ding zeigt nämlich 6.32 Uhr. Kann gar nicht sein···
Mein Blick schweift weiter zu meiner Armbanduhr: ebenfalls 6.32 Uhr? Ich greife nach der Fernbedienung für den Fernseher und schalte den Kanal ein, auf dem die Schiffsinformationen übertragen werden. Ob letzte Nacht die Uhr eine Stunde vorgestellt wurde und wir es nicht bemerkt haben? Nein. Die aktuelle Schiffszeit, so verkündet der Fernseher, ist 6.32 Uhr – nein, eben als ich hinblicke, schalten die Zahlen auf 6.33 Uhr.
„Nein, der Wecker geht richtig", informiere ich meine Frau. „Der Dödel war eine nur geschlagene halbe Stunde zu früh dran!"
„Zu früh!?", fragt meine Frau. Sie klingt konsterniert, ungläubig und gleichzeitig erleichtert. Sie schlägt ihre Bettdecke zurück, setzt sich an den Frühstückstisch – langsam, vorsichtig, als sei sie achtzig Jahre alt – und stößt einen langen Seufzer der Erleichterung aus.
„Na, Gott sei Dank haben wir für heute früh ja Tee bestellt!", meint sie schließlich und gießt sich gleich eine Tasse ein.
„Bitte?", frage ich verständnislos. „Was hat denn Tee mit dieser Weckaktion zu tun?"
„Na ja", sagt sie und wirft mir einen nachdenklichen Blick zu, „nach diesem Morgengruß brauche zumindest ich nun wirklich keinen Kaffee mehr, um wach zu werden···"

Nein, meine Suppe ess´ ich nicht!

Meine Frau und ich verlassen den Glasaufzug – der während der Fahrt einen schönen Überblick über das große Foyer unseres Schiffes geboten hat – auf Deck 9, das das Büffetrestaurant beherbergt. Es ist kurz vor Mittag, und wir haben beide ordentlichen Hunger.

Wir haben nämlich eine ziemlich schlechte Nacht verbracht. So was ist für uns selten, denn eigentlich bieten Kreuzfahrtschiffe in aller Regel eine echte 24-Stunden-rundum-Wohlfühl-Atmosphäre. Aber natürlich hat jede Regel ihre Ausnahme, und diese Ausnahme erwischte uns gestern Abend. Nach dem Dinner befielen uns beide nämlich erst Bauchschmerzen, dann wechselten wir uns für den größten Teil der Nacht mit der Benutzung der Toilette ab. Ein Magen-Darm-Virus, wie er auf Kreuzfahrtschiffen ab und an vorkommt, das ist zumindest meine Vermutung. Meine Frau spekuliert dagegen eher, dass unser gestriges Dessert vielleicht einmal zu oft aufgetaut und wieder eingefroren gewesen war.
Ich widerspreche ihr nicht. Schließlich hat sie immer recht, und das gilt für ihr Fachgebiet, die Hauswirtschaft, natürlich doppelt und dreifach.
Was immer aber auch das Problem verursachte, wir konnten es zum Glück mit Hilfe unserer Reiseapotheke recht schnell unter Kontrolle bringen, und nachdem wir heute Morgen Tee und Kräcker gut vertrugen, brauchen wir jetzt eine ordentliche Mahlzeit.

Das Angebot des Büffetrestaurants auf diesem Schiff ist leider nicht besonders gut, aber es gibt zwei Bereiche, an denen wir gerne Station machen: Nämlich bei den Pasta-Gerichten, die hier ausgezeichnet sind und vor unseren Augen frisch zubereitet werden, und bei den Suppen, die man sich aus einem großen Warmhaltekessel schöpfen kann und die bisher meist recht lecker waren.

Bei dem Gedanken an eine gute Suppe – vor meinem geistigen Auge taucht das appetitliche Bild eine dampfend-heißen Rinder-Consommé auf – beginnt mein Magen zu knurren.
Gut.
Zuerst eine Suppe also.
Ich wende mich dem Suppenkessel zu, der leider noch leer ist. Wir sind ein paar Minuten zu früh dran.
Macht aber nichts. Ein Koch ist nämlich gerade dabei, einen großen Topf heranzuschleppen, sicher füllt er ihn gleich um. Ich blicke kurz auf das Schild neben dem Kessel, auf dem in fünf Sprachen bekannt gegeben wird, welche Suppe genau im Angebot ist: „Kohlsuppe" steht heute darauf.
Klingt nicht so gut, zumindest nicht so gut wie die erhoffte Rinderbrühe. Na, was soll ´ s, schauen wir doch einfach mal.
Der Koch nimmt den Deckel des Topfes ab, wuchtet den Topf – er ist sichtlich schwer – an den Ausgabekessel und gießt den dampfenden Inhalt hinein.
Keine Sekunde später hebt sich mein Magen. Ich muss krampfhaft rülpsen und befürchte einen Augenblick lang, meine Frühstückskräcker doch nicht bei mir behalten zu können. Was sich da nämlich in den Kessel ergießt, die Kohlsuppe nämlich, ist sehr dickflüssig, mit Brocken durchsetzt, die auf mich entschieden gallertartig wirken, und dunkelbraun, fast schwarz gefärbt. Sie gluckert auch nicht mit hellem Klang in den Kessel, wie das Flüssigkeiten normalerweise tun, sondern pladdert dumpf und massig auf den Kesselboden. Das alles zusammen erinnert mich derartig heftig und unvermittelt an die Vorgänge der gestrigen Nacht in unserem Bad, dass mein Magen prompt ein zweites Mal mit aller Macht versucht, sich umzudrehen. Mir bricht dabei der kalte Schweiß auf der Stirn aus. Ich will ja gar nicht ausschließen, dass diese Suppe gut schmeckt, vielleicht schmeckt sie sogar köstlich. Das werde ich aber nie erfahren; bei diesem Anblick werde ich es nie und nimmer über mich bringen können, einen Löffel davon in den Mund zu stecken.

Mein Blick fällt auf meine Frau, aber die merkt das nicht. Sie hat die Hand vor den Mund geschlagen, die andere Hand, die bereits eine Suppenschüssel hält, hängt an ihrer Seite herab, und sie kann den Blick nicht von der Bescherung in der Ausgabetheke lösen.
„Sag mal", flüstert sie schließlich, und ich erkenne in ihren Augen, dass sie dem gleichen Gedankengang folgt wie ich.
„Sprich ´s nicht aus!", unterbreche ich sie schnell, und mein Magen verknotet sich ein drittes Mal. Ich kann einen weiteren, krampfhaften Rülpser nicht unterdrücken. Mein Hunger ist wie weggeblasen, und alles, was ich jetzt noch möchte, ist frische Luft.
Viel, viel, viel frische Luft.
Ich wende mich, gefolgt von meiner Frau, die immer noch ihre Suppenschüssel hält, dem Ausgang zu, der auf das offene Achterdeck führt. Spontan muss ich an die Ausgabe des guten, alten Struwwelpeter denken, die ich als Kind besaß. Besonders an die Geschichte vom Suppen-Kasper:

Ich esse keine Suppe, nein!
Ich esse meine Suppe nicht!
Nein, meine Suppe ess ´ ich nicht!

Kaspar, zum ersten Mal in meinem Leben kann ich dich wirklich, wirklich verstehen. Ich bin mir sicher, absolut und total sicher, dass man auch dir Kohlsuppe vorsetzte…

Porentief rein

Meine Frau und ich stehen auf Deck 5 unseres Schiffes vor den Aufzügen und spähen aufmerksam in Richtung Heck. Dort befindet sich eine Lounge mit schönen, bequemen Sitzgruppen, in denen etliche unserer Mitreisenden Platz genommen haben. Einige Stewards huschen zwischen den Gruppen hindurch und servieren Drinks.
Meist handelt es sich bei diesen Drinks um Aperitifs. Hinter der Lounge nämlich liegt der Eingang zum großen Speisesaal unseres Schiffes, und hier wird in einigen Minuten das Dinner beginnen. Das Dinner, an dem selbstverständlich auch wir teilnehmen wollen. Wir haben nämlich beide ordentlich Hunger. Allerdings ist die Teilnahme an der Mahlzeit hier immer mit einem kleinen Problem verbunden···

Wie fast alle Reedereien legt nämlich auch die Gesellschaft, mit der wir gerade fahren, größten Wert darauf, die Verbreitung von ansteckenden Krankheiten an Bord zu verhindern, und wir begrüßen das auch. Schließlich lebt man auf einem Kreuzfahrtschiff in recht engem Kontakt mit vielen anderen Menschen, so dass sich gerade Virusinfektionen wie das gefürchtete Noro-Virus in dieser Umgebung wie ein Lauffeuer verbreiten können. Deswegen stehen an den Eingängen zu allen Restaurants unübersehbar Spender mit Handdesinfektionsmitteln, unter die der eintretende Gast nur seine Hände zu halten braucht, damit ihm der Apparat eine kleine Dosis des Mittels auf die Finger sprüht.
„Taugt nicht viel!", hatte meine Frau schon am ersten Abend nach einem kurzen Blick auf das Etikett des Spenders – dem sachkundigen Blick einer Expertin für Krankenhaushygiene – bemerkt und dabei abfällig die Nase gerümpft.
„Dieser Schmodder wirkt nur antibakteriell und richtet gegen Viren gar nichts aus, und außerdem müsste man sich mit diesem Mist seine Hände schon mehrere Minuten lang einreiben, damit es wirken kann."
Und das tut natürlich keiner.

Alles also im Grunde nur eine beruhigende Geste, sonst nichts. Trotzdem hatte ich die Schultern gezuckt und mir demonstrativ meine Portion Desinfektionsmittel geholt.
„Aber schaden tut ´ s doch auch nicht, oder?"
Worauf meine Frau zweifelnd die Schultern gezuckt hatte.
Leider lag ich damit aber mal wieder falsch.
So was von falsch...
Nachdem nämlich am ersten Abend offenbar zu wenige Reisende, zumindest für den Geschmack der Reederei, freiwillig Gebrauch von der beruhigenden Geste machten, stellte sie ab dem zweiten Abend vor jedem Restauranteingang einen Steward auf, ausgestattet mit einer Flasche des fraglichen, eher untauglichen Desinfektionsmittels, der mit freundlichem, aber eisenharten Lächeln die eintretenden Gäste zwangsweise desinfizierte.
Aber so richtig ordentlich. Nichts mehr von wegen leichter Nebel aus dem Spenderautomaten.
Nein, jeder Steward erhielt offenbar die Weisung, die Hände aller Gäste buchstäblich in Desinfektionsmittel einzuweichen. Viel hilft viel, das ist offenbar die Devise, und das gilt auch für beruhigende Gesten. Schließlich sind wir, die Passagiere, ja selbst schuld. Hätten ja die Spender besser nutzen können.
Jedenfalls haben meine Frau und ich – Stichwort „Schadet nichts!", ha, ha – mittlerweile, nach einer knappen Woche, durch die permanente Überdosierung dieser doch recht aggressiven Flüssigkeit bereits leichte Hautekzeme entwickelt.
Und daher beschlossen, zu Desinfektionsverweigerern zu werden. Sich vor dem Essen ordentlich die Hände zu waschen tut ´ s schließlich auch, meinen wir···

Unter unseren aufmerksamen Blicken nähert sich gerade eine größere Gruppe von Mitreisenden den beiden Eingangstüren des Speisesaals und wird umgehend von den beiden dort lauernden Desinfektions-Stewards in Empfang genommen.
„Jetzt!", zischt meine Frau. „Jetzt sind sie beschäftigt. Los!"
Wir sprinten so unauffällig wie möglich vom Aufzug weg durch die Lounge. Ich weiche im letzten Augenblick noch einem Steward mit

einem Tablett Martinis aus, der unvorsichtigerweise meine Bahn kreuzt.
„Links!", rufe ich meiner Frau zu, und wir schwenken in Richtung auf die linke Eingangstür; dort ist nämlich die Traube der Mitreisenden besonders groß.
Ich schlängle mich zwischen den Herrschaften, die geduldig darauf warten, mit einer großen Überdosis nutzlosen Desinfektionsmittels versorgt zu werden, durch, gefolgt von meiner Frau.
Der Steward wendet uns gerade den Rücken zu.
Jawohl!
Wir passieren ihn unbemerkt – und betreten den Speisesaal.
„Wir haben ´ s geschafft!", jubelt meine Frau leise, und wir wollen uns würdevoll zu unseren Plätzen begeben, als uns von der Seite her das Unheil ereilt.
Und zwar in Gestalt eines der Oberkellner, der von links aus einer Nische neben der Eingangstür herausschießt.
Wirkt ein klein wenig wie ein Kastenteufel.
Wäre beinahe lustig.
Wenn da nicht seine Bewaffnung wäre...
Sie besteht aus einem Lächeln, das noch ein wenig freundlicher ist als das der Stewards vor der Tür. Und noch eisenhärter. Stahlhart, könnte man sagen. Da blitzt förmlich das Chrom-Vanadium durch. Und auch er verfügt natürlich über eine Flasche Handdesinfektionsmittel. Eine große Flasche.
„Ach, nein!", stöhnt meine Frau genervt, aber das hilft nichts.
„Entschuldigung, Sir, Madam", spricht der Oberkellner uns respektvoll an, „aber ich glaube, dass Sie sich die Hände noch nicht desinfiziert haben."
Das Lächeln wird noch freundlicher und noch härter, als er die Flasche hebt und zuerst meine Hände und danach die meiner Frau mit dem Mittel versorgt. Und da er Oberkellner ist und alles ein bisschen besser macht als seine Mitarbeiter, werden wir nicht nur eingenebelt wie durch die Spender, nicht nur ordentlich desinfiziert wie durch die Stewards vor dem Speisesaal, nein, wir werden gewissermaßen steril gemacht.
Porentief rein, buchstäblich.

Ich glaube, ich könnte jetzt locker bei einer Operation am offenen Herzen assistieren. Die Chirurgen wären gegen meine Hände schon fast Dreckschweine.
„Vielen Dank, Sir, und guten Appetit!"
Mit einer angedeuteten Verbeugung gibt er uns den Weg frei, und wir begeben uns zu unserem Tisch. Wie zwei begossene Pudel. Im wahrsten Sinne des Wortes. Eine Spur aus Desinfektionsmitteltropfen hinter uns herziehend.

Am Tisch, unser Kellner entfaltet gerade meine Servierte und legt sie mir in den Schoß, meine Hände brennen von der alkoholisch riechenden Flüssigkeit, knirscht meine Frau mit den Zähnen.
„Weißt du, was ich morgen mache?", will sie guter Letzt grimmig von mir wissen.
Ich nehme die Speisekarte, die, nebenbei bemerkt, meines Wissens ohne jede Desinfektion jeden Abend unter den Gästen weitergereicht wird, zur gut desinfizierten, aber roten und immer noch feuchten Hand und schüttle stumm den Kopf.
„Wir haben doch im Koffer noch eine Packung von diesen medizinischen Einweg-Latexhandschuhen, oder? Die dünnen, durchsichtigen für alle Fälle. Davon ziehe ich mir morgen ein Paar über. Und zwar bevor ich essen gehe!"

San Pellegrino

Wir – meine Frau und ich – haben uns eben im Speisesaal an unserem Tisch, direkt an einem Fenster mit einer tollen Aussicht, zum Dinner niedergelassen. Unser Steward legt uns mit einer freundlichen Begrüßung unsere Servierten in den Schoß und reicht uns die Speisekarte. Der Hilfssteward – diese Funktion wird auch „Bus-Boy" genannt – ist derweil damit beschäftigt, uns unser Getränk zum Essen zu servieren. Ein Getränk, mit dem wir hier an Bord schon für Aufsehen beim Personal gesorgt haben. Es handelt sich dabei, zugegeben, um eine ziemlich ungewöhnliche Auswahl, zumindest für Kreuzfahrtverhältnisse. Wir trinken zum Abendessen nämlich Mineralwasser···

Das liegt nicht unbedingt daran, dass es nichts anderes gäbe, nein, bei weitem nicht. Unser Schiff verfügt über eine große Auswahl an verschiedenen Bieren und Weinen, die uns ein Sommelier nur zu gerne kredenzen würde.
Wenn wir ihn denn nur ließen.
Machen wir aber nicht.
Das liegt ganz einfach daran, dass wir aus Franken kommen, einer Gegend, die nicht nur die höchste Brauereidichte in Deutschland aufweist, sondern in der vor allem auch einige der besten Weine der Welt angebaut werden.
Zumindest nach unserer Meinung.
Und die kriegt man bei uns zu Hause obendrein noch zu ausgesprochen günstigen Preisen. Irgendwie sehen wir daher gar nicht ein, ausgerechnet im Urlaub viel Geld auszugeben für Weine, die denen, die wir sonst im Alltag trinken, gewissermaßen nicht mal das Mineralwasser reichen können.
Sie finden das überheblich, verehrte Leserin?
Sogar versnobt, lieber Leser?
Wissen Sie, da möchte und kann ich Ihnen eigentlich gar nicht widersprechen···

Wie dem auch sei, wir mögen kein Bier zum Essen und, aus den geschilderten Gründen, auch nicht den angebotenen Wein. Und das kostenlose Eiswasser, das man auf amerikanischen Schiffen immer ausschenkt, das mögen wir erst recht nicht. Ist nämlich eigentlich nur stark gechlortes Leitungswasser mit Eis und damit in unseren Augen eine absolut todsichere Methode, auch die beste Mahlzeit zu verderben. Daher gibt es für uns nur einen Ausweg: Wir bestellen zum Dinner eine Flasche Mineralwasser.

Passt ja zu allem.

Allerdings ist es eben ungewöhnlich.

Deswegen amüsieren sich der Sommelier – der uns interessanterweise sehr freundlich und respektvoll behandelt, seit wir ihm erklärten, warum wir seine Dienste nicht benötigen – unser Steward und auch der Bus-Boy königlich über uns seltsame Gestalten, die wir jeden Abend eine Flasche Mineralwasser ordern. Vor allem der Bus-Boy, ein netter, junger Indonesier, aber manchmal eben auch ein richtiger Frechdachs, macht sich allabendlich einen Heidenspaß daraus, uns unsere Flasche Mineralwasser so zu präsentieren wie der Sommelier einen edlen Wein.

Regelmäßig preist er die Marke: ein edler San Pellegrino aus Italien.

San Pellegrino.

Ausgerechnet San Pellegrino.

Ich seufze dabei jedes Mal und frage mich, warum um in alles in der Welt alle, aber auch wirklich alle Reedereien, mit denen wir bisher fuhren, ausgerechnet San Pellegrino und nichts anderes servieren. Das muss ich bei Gelegenheit mal nachprüfen, das nehme ich mir fest vor. Würde mich wirklich nicht überraschen, wenn ich da auf eine internationale Verschwörung stoße. Das große San-Pellegrino-Komplott. Das wäre ein Kracher. Da könnte man ja glatt einen Kreuzfahrtkrimi drüber schreiben…

Manchmal lobt der Junge eifrig den tollen Jahrgang. Auf dem Etikett der Wasserflasche steht nämlich die Jahreszahl 1899, und ich hoffe dabei jedes Mal inständig, dass es sich dabei wirklich nur um das Gründungsjahr des Unternehmens San Pellegrino handelt und eben nicht um das Abfülldatum der Flasche.

Er vergisst meistens auch nicht, die Inhaltsstoffe unseres San Pellegrino zu preisen: Alles, was sich da so in der Flasche befindet, ist nicht nur alles unserer Gesundheit sehr förderlich, sondern, und das ist wirklich der echte Oberknaller, absolut alkohol- und dazu, wer hätte das je gedacht, sogar auch noch völlig kalorienfrei.

Und heute Abend, heute setzt er noch einen drauf.
Er bringt unsere lumpige Flasche Mineralwasser feierlich und in eine schneeweiße Servierte eingeschlagen an unseren Tisch, präsentiert meiner überraschten Frau das Etikett und wartet grinsend, bis meine Frau etwas verwirrt durch ein Nicken ihr Einverständnis signalisiert, die Flasche zu öffnen. Er schraubt bedächtig und langsam den Verschluss ab und reicht ihn meiner Frau – offensichtlich für eine Geruchsprobe – bevor er ihr feierlich einen kleinen Schluck in ihr Glas eingießt, damit sie das Wasser kosten kann.
Meine Frau schaut mit einer Mischung aus Ratlosigkeit und Verblüffung zu mir, und ich bedeute ihr schief lächelnd, gute Miene zum bösen Spiel zu machen. Sie erhebt daher das Glas, nippt daran – und verzieht das Gesicht.
„Also, langsam kann ich den blöden San Pellegrino wirklich nicht mehr sehen", sagt sie dabei missmutig zu mir, und da sie es auf Deutsch sagt, kann unser frecher Bus-Boy sie nicht verstehen. Er sieht nur ihr Gesicht, sein Grinsen verblasst plötzlich etwas – und beschert mir einen Einfall.
Spontan nehme ich meiner Frau das Glas aus der Hand. Ich halte es gegen das Licht, um die Farbe des Wassers zu prüfen, lasse den Schluck im Glas kreisen, schnuppere dann kritisch daran. Dann nippe ich vorsichtig an unserem edlen San Pellegrino – und verziehe ebenfalls das Gesicht, bevor ich das Glas wieder abstelle.
„Nein, diese Flasche ist schlecht!", informiere ich den Bus-Boy, der jetzt richtig bestürzt wirkt. „Dieses Mineralwasser ist···", ich lasse meine Hand in einer unbestimmten Geste kreisen, „··· ich weiß nicht recht··· irgendwie nicht richtig mineralig. Irgendwie···", wieder die gleiche Geste, „··· irgendwie etwas zu··· wie soll ich sagen··· irgendwie zu wässrig. Ja, das ist es. Viel zu wässrig. Bitte, bringen Sie uns einen andere Flasche."

Im Gesicht unseres Bus-Boys zeichnet sich nun Panik ab. Dass ein Gast eine Flasche Mineralwasser zurückgehen ließ, weil sie zu wässrig ist, hat er sichtlich noch nicht erlebt. Er schaut sich hilfesuchend um – und blickt zu unserem Steward, der die kleine Szene beobachtet.

Wie auch der Sommelier.

Der Steward grinst breit, der Sommelier kichert sogar leise in sich hinein.

„Nein, das war doch nur ein Scherz!", sagt meine Frau schließlich mit einem bösen Seitenblick in meine Richtung, und mit einem erleichterten Aufatmen gießt er uns jedem ein Glas Mineralwasser ein. Dann verdrückt er sich auffallend schnell.

„Weißt du, ich glaube, aus dem könnte mal ein guter Sommelier werden", meint meine Frau schließlich nachdenklich, greift nach einer Zitronenspalte und träufelt etwas Zitronensaft in ihr Wasser. „Das Zeremoniell hat er zumindest schon gut drauf."

„Na ja, ein bisschen üben muss er aber schon noch", meine ich vor mich hin lächelnd und schlage die Speisekarte auf. „Aber besser wohl nicht mit San Pellegrino…"

Verkaufstalent

Meine Frau und ich sitzen in einer der großen Lounges unseres Schiffs, in der ersten Reihe, und warten auf den Beginn eines Vortrags. Auf einer Kreuzfahrt werden nämlich häufig Vorträge und Lesungen von Fachleuten zu allen möglichen Themen angeboten, nicht selten zu Themen, die mit der Reise oder der Route mehr oder weniger eng zusammenhängen. Manche der Lektoren, die wie bisher im Laufe unserer Reisen so erleben durften, waren sehr gut, einige sogar auf akademischem Spitzenniveau, ausgewiesene Fachleute.
Einige dagegen waren miserabel, im Grunde nur Verkäufer, die versuchten, teure Zusatzangebote der Reederei an den Mann oder die Frau zu bringen.
Die meisten lagen irgendwo dazwischen.

So wie der heutige Lektor. Da wir auf unsere Reise Kolumbien besuchen und dieses Land für seine schönen Smaragde berühmt ist, hält er heute einen Vortrag über diese und auch andere Edelsteine, nicht allerdings, ohne den einen oder anderen Werbehinweis für sein Unternehmen anzubringen, das, welche Überraschung, Smaragdschmuck verkauft. Macht aber nichts. Meine Frau wird von diesen Steinen regelrecht gefesselt, und auch ich, das gebe ich offen zu, kann mich der Faszination dieses Themas nicht ganz entziehen. Ich besitze sogar einen Ring mit einem Smaragd und habe ihn – ganz dem Anlass entsprechend – heute angesteckt.
Was sich allerdings als Fehler herausstellte.
Als schwerer Fehler.
Unser Lektor hat natürlich den Ring sofort gesehen. Und da er jetzt beim Thema ist, wie man einen guten – also von ihm verkauften – von einem schlechten – also von ihm nicht verkauften – Smaragd unterscheiden kann, nutzt er mich und meinen Ring als abschreckendes Beispiel. Eine Aufmerksamkeit, die ich irgendwie überhaupt nicht zu schätzen weiß.

„Sehen Sie, Ladies and Gentlemen, genau das ist ein Smaragd, den man nicht kaufen sollte!", ruft er in den Raum, ergreift meine Hand mit dem Ring und hält sie hoch in die Luft, noch bevor ich, von seiner Aktion überrumpelt, Widerstand leisten kann.
Unsere Mitreisenden, die von meinem Ring sicherlich nicht mehr als bestenfalls einen winzig kleinen grünen Fleck sehen – der Stein ist nämlich nicht sonderlich groß – nicken wissend und belächeln mich zum Teil mitleidig.
„Was für ein Depp!", sagt dieses Lächeln, „sich solchen Schund andrehen zu lassen!"
„Es handelt sich bei diesem Smaragd durchaus um einen Stein von ordentlicher Größe", fährt er fort und lässt glücklicherweise meine Hand los, so dass ich sie zwischen meinem Bein und der Polsterung des Sessels verkeilen kann, wo er sie nicht so schnell noch mal erwischt, „ich schätze mal, rund anderthalb Karat?"
„Zwei", antworte ich einsilbig. Ich kann es nicht ausstehen, so vorgeführt zu werden und erwäge, den Saal einfach zu verlassen.
„…von zwei Karat!", posaunt der Smaragd-Fachmann in die Lounge. „Aber er ist sehr, sehr unrein! Er weist viel zu viele Einschlüsse auf! Wahrscheinlich ist dieser Stein intensiv mit Kunstharz behandelt worden!"
Einige unserer Reisenden kichern jetzt schadenfroh, und ich nicke: „Klar ist mein Smaragd stabilisiert worden. Weiß ich. Ich habe ihn ja auch nicht als Wertanlage gekauft, sondern einfach, weil er mir gefallen hat…"
„Die Farbe des Steins dieses Herren", fährt er unbeeindruckt fort, mein Schmuckstück zu analysieren, „ist ein schönes, tiefes Grün. Aber ist es natürlich? Ist der Stein farbbehandelt?"
„Weiß ich nicht", muss ich einräumen. „Vermutlich schon. Wie schon gesagt…"
„Aha!" unterbricht er mich triumphierend, während ihm die Menge Beifall klatscht, „wie ich vermutet habe."
Er wendet sich wieder an mich, mit einem vertraulichen Ton, der aber trotzdem dank der Lautsprecheranlage im der ganzen Lounge zu hören ist.

„Wissen Sie, ein solcher Stein, wie Sie tragen, der würde in einwandfreier Qualität einen ordentlichen vierstelligen Betrag kosten. Für Ihren hier würde ich aber nicht mehr... als sagen wir mal... na ja, vier- bis fünfhundert Dollar bieten!"
Unsere Mitreisenden lachen jetzt ganz ungehemmt.
„Wie viel?", frage ich und schnappe nach Luft. „Fünfhundert Dollar!?"
Der Edelsteinfachmann zieht ein überlegenes Gesicht und wirft nochmals einen Blick auf meinen Ring.
„Weil Sie so ehrlich sind, sagen wir mal: sechshundert Dollar. Aber mehr ist Ihr Stein auf keinen Fall wert!"
Ich seufze tief.
„Wissen Sie", stelle ich ganz ungerührt und auch ohne Mikrofon deutlich hörbar fest, „ich habe für das Stück hundertfünfzig Euro bezahlt."
Im Saal verstummt der Gelächter schlagartig.
„Wie viel?", fragt unser Dozent, und diesmal ist er es, der offenbar Probleme mit der Atmung hat. „Hundertfünfzig Euro!?"
„Also, weil Sie so ehrlich sind", strahle ich ihn an, „genau genommen waren es 154,95 €. Knapp zweihundert Dollar. Ich nehme Ihr Angebot von sechshundert Dollar also gerne an. Der Ring gehört Ihnen!"

Unser Edelsteinfachmann wendet sich wortlos von mir ab, beschließt offenbar, Smaragde und ihre Besonderheiten zu vergessen und beginnt, über Diamanten zu dozieren, allerdings nicht, ohne vorher einen prüfenden Blick auf mich und meine Frau geworfen zu haben. Nicht dass wir auch Diamantschmuck tragen...
In der Lounge setzt Getuschel ein. Irgendwie scheint es mir so, als habe die Autorität des guten Manns ein wenig gelitten, aber ich kann mich auch des unangenehmen Eindrucks nicht erwehren, dass sich ein Gutteil des Getuschels auf mich und meinen armen, und, zugegeben, wirklich nicht besonders guten Smaragdring bezieht.

Ich wende mich an meine Frau, will ihr vorschlagen, zu gehen, verstumme aber beim Blick auf ihre steinern-verärgerte Miene. Ups, da läuft was schief···

„Du Esel!", sagt sie mir mit einer Mischung aus Enttäuschung und Verachtung, „du blöder Esel! Musstest du den Preis denn wirklich so laut heraus posaunen? Der hätte deinen Ring sonst vielleicht wirklich gekauft!"

Sie schüttelt traurig den Kopf.

„Hat kein Verkaufstalent, der Mann. Nicht das geringste Verkaufstalent!"

Bedienung

Meine Frau und ich verlassen den Speisesaal unseres Schiffes. Wir haben hier eben zu Abend gegessen – übrigens wirklich sehr, sehr gut zu Abend gegessen, die Küche hier an Bord ist einfach großartig – und freuen uns jetzt darauf, in einer der gemütlichen Bars an Bord noch einen kleinen Brandy zu uns nehmen.
Als Krönung eines hervorragenden Dinners.
Und, gewissermaßen, auch aus medizinischen Gründen.

Allerdings gibt es jetzt noch einen letzten, kleinen Happen: Vor dem Speisesaal hat unsere Reederei eine kleine Theke aufgestellt, hinter der ein indonesischer Steward in roter Livree und mit einer passenden, roten Pagenkappe darauf wartet, den gehenden Gästen ein letztes, kandiertes Leckerli mit auf den Weg zu geben, verpackt in ein Tütchen, das er liebevoll aus einer Papierservierte faltet. Nicht, dass da einer der Gäste auf dem Weg in den nächste Bar noch verhungert. Gott bewahre! Eine wirklich nette Geste, wie wir meinen, und so lassen wir uns stets mit einem oder zwei Stückchen kandiertem Ingwer gerne verwöhnen.
„Hältst du das mal?“, fragt meine Frau, reicht mit das Tütchen mit ihrem Ingwer und setzt dazu an, in ihrer Handtasche zu wühlen.
„Oh, Sie kommen aus Deutschland?“, fragt der Steward hinter der kleinen Theke. Ich gucke ihn überrascht an, und auch meine Frau unterbricht die Durchforstung ihrer Tasche.
Er stellt die Frage nämlich auf Deutsch.
In einwandfreiem Deutsch.
Sogar fast akzentfrei.
Wir plaudern mit dem Steward – selbstverständlich auch auf Deutsch – und ich gerate noch mehr ins Staunen. Was für ein Wortschatz! Der junge Mann spricht besser Deutsch als so mancher unserer Bekannten. Ach was, ich muss einräumen, dass er besser Deutsch als ich spricht. Schließlich kann ich mir nicht verkneifen, ihn zu fragen, wo er eine solche doch recht komplizierte Sprache

wie Deutsch so gut lernte. Ob er wohl deutsche Eltern besitzt? Zumindest ein deutsches Elternteil vielleicht?
Der Steward schüttelt den Kopf. Nein, hat er nicht, und, nein, in Europa war er auch noch nie, geschweige denn in Deutschland. Er hat, so erfahren wir, in Jakarta Germanistik studiert. Und dort sein Studium auch abgeschlossen. Und in diesem Fach obendrein noch promoviert···

Als andere Gäste kommen und eine kleine Nascherei wünschen, als wir merken, dass wir hier als Störfaktor wirken, verabschieden wir uns und schlendern in Richtung der Bar.
„Ein promovierter Germanist!", murmle ich vor mich hin und schüttle, immer noch fassungslos, den Kopf.
„Wie bitte?", will meine Frau wissen und fischt ein Stückchen Ingwer aus ihrem Tütchen.
Ich gebe mir innerlich einen Ruck.
„Genieß den Ingwer!", mahne ich meine Frau. „Wann wirst du sonst schon mal so von einem echten Doktor verwöhnt?"

Super-Sale

Meine Frau und ich sitzen auf dem Balkon unserer Kabine und genießen die warme Sonne des Nordpazifiks. Heute ist ein Seetag, ein Tag also, an dem wir keinen Hafen anlaufen. Daher hat sich meine Frau die Bordzeitung vorgeknöpft und studiert konzentriert, was die Reederei heute so an Zeitvertreib anbietet.
„Schau mal“, ruft sie plötzlich, reicht mir die Zeitung und weist auf eine Anzeige. „Was ist das denn?“
Ich überfliege den Text. Offenbar ein Sonderverkauf in einem der Bordgeschäfte, so erkläre ich meiner Frau, oder auf gut amerikanisch ein „Sale“. Immerhin fahren wir auf einem amerikanischen Schiff mit überwiegend amerikanischem Publikum, und da die Amerikaner Sales lieben, müssen wohl auch die Bordgeschäfte mitziehen.
„Und eine Verlosung ist auch dabei“, sage ich leicht dahin – und könnte mir sofort auf die Zunge beißen.
Zu spät.
„Eine Verlosung? Da gehen wir hin!“, entscheidet meine Frau sofort und spontan.
„Aber Schatz! Da geht ´ s um Uhren, um Armbanduhren!“, wende ich verzweifelt ein. „Du hast doch schon eine, und ich auch!“
Gleichzeitig deute ich auf mein Handgelenk, an dem sich meine Armbanduhr befindet. Zugegeben, kein ganz neues und auch kein ganz teures Modell, und auch sehr japanisch. Aber dafür solarbetrieben und zulässig; was will man also mehr?
Mein Einwand fruchtet aber leider überhaupt nichts. Gucken ist schließlich kostenlos, und wir haben heute sowieso nichts Besseres zu tun, meint meine Frau···

Pünktlich treffen wir am Bordgeschäft ein und werfen am Eingang zwei Zettel mit unseren Namen und unserer Kabinennummer in eine Schachtel, damit wir an der Verlosung teilnehmen können.
Dann betreten wir das Geschäft – und ich erschrecke. Hier werden neben Uhren auch Schmuckstücke verkauft, und ich empfand den

Bereich immer als groß und weitläufig. Heute aber ist er einfach nur überfüllt. An die zweihundert unserer Mitreisenden drücken sich zwischen den Diamantringen und Uhren. Unglaublich, dass so viele in diesen Raum passen! Ich will mich umdrehen, will schnell flüchten, aber zu spät – gerade hat man die Tür hinter uns geschlossen. So dirigiere ich meine Frau zu einem freien Fleckchen am Rand des Geschäfts, von wo aus wir die Ursache des Aufstand sehen können: einen großen Verkaufstisch, bis unter die Decke beladen mit bunten Pappwürfeln, die offenbar die begehrten Uhren enthalten. Der Tisch ist von Absperrbändern umgeben, damit niemand vorzeitig an die Sonderware kann.
Just in diesem Augenblick trifft auch der Chef des Ladens ein, bewaffnet mit einer Assistentin namens Sara und einem - offenbar namenlosen – Mikrofon.
„Habt ihr alle SPAAAAASSSS?", brüllt er ins Mikrofon, und erhält umgehend ein gebrülltes „JAAAAA!" als Antwort.
Meine Frau sieht mich fragend an, und ich zucke die Achseln. Klar, es soll ja tatsächlich auch Leute geben, die nur so zum Spaß während der Stoßzeit in Tokio U-Bahn fahren…
„Wollt ihr noch mehr SPAAAASSSS?", fragt der Chefverkäufer, und, klar, genau das will die Menge.
Daher macht er sich an die Arbeit, uns zu erklären, wie wir noch mehr SPAAAASSSS haben können: nämlich durch den Kauf einer der hier angepriesenen Uhren. Er spricht kurz über den Hersteller, der recht bekannt, das heißt, sogar mir ein Begriff ist. Er spricht über die Uhren und darüber, was die Uhren leisten, und ich gerate ins Staunen. Toll, was die moderne Technik so alles kann. Zwar verspricht er nicht, dass die Uhr einem das Frühstück am Bett serviert, deutet aber genau das mit vertraulichem Grinsen an, immer vorausgesetzt natürlich, man drückt den richtigen Knopf. Er spricht auch über den Preis; mit ernstem Gesicht und bedrückter Miene versichert er uns, dass ein solch tolles Stück in den USA nicht unter 1400 Dollar verkauft wird.
Die Menge stöhnt.
Aber nicht lange.

Denn jetzt kommt der Teil mit dem SPAAAASSSS, wie er uns versichert, denn heute, NUR HEUTE und nur für eine Stunde, NUR FÜR EINE STUNDE, wird dieses Wunderwerk der Technik für sage und schreibe 299 Dollar verkauft.
Nur 299 Dollar! Na, wenn das kein SPAAAASSSS ist?
Die Menge jubelt enthusiastisch und rückt aufgeregt ein paar Zentimeter näher an die Absperrung heran.
Allerdings muss vorher noch etwas erledigt werden, nämlich die Verlosung. Die Schachtel mit den Namenszetteln wird herbei gebracht. Ein kleines Mädchen – vermutlich wurde sie extra für diesen Einsatz aus Miami eingeflogen – zieht einen Zettel heraus, und der Chefverkäufer liest Namen und Kabinennummer vor. Ein unmenschlicher Schrei lässt mich zusammen fahren, und eine ältere, dunkelhäutige Dame sinkt bewusstlos in die Arme einer Verkäuferin, die damit nicht rechnete und zusammen mit ihr zu Boden geht, aber immerhin pflichtbewusst ihren Sturz dämpft. Wir haben hier die Gewinnerin, offensichtlich.
Schnell wird die Dame von den Umstehenden wieder auf die Beine gebracht und nach vorne geschoben, um ihren Gewinn in Empfang zu nehmen. Die Ungeduld der Menge ist deutlich spürbar. Die Leute wollen jetzt endlich ihren SPAAAASSSS.
Und sie sollen ihn bekommen.
„Wir kommen jetzt zum Countdown", dröhnt das Mikrofon des Chefverkäufers. „Und denken Sie daran: NUR EINE STUNDE! Und bitte keine Rangeleien! Kein Gerempel! Zehn··· neun··· acht···"
Moment mal.
Rangeleien? Gerempel?
Oh, oh···
Ich schiebe meine Frau ungeachtet ihrer Prostete zu einen kleinen, quadratischen, hüfthohen Vitrine mit funkelnden Brillantringen an der Rückwand des Raums.
„··· fünf··· vier··· drei···"
Das „zwei" kann der Chefverkäufer nicht mehr aussprechen. Einer unserer Mitreisenden verliert die Nerven und stürmt zum Sonderverkaufstisch, und der Rest setzt nach kurzem Zögern hinterher. Die

Absperrung wird von ihnen hinweg gespült wie ein Kartenhaus von einem Tsunami.
Ich klammere mich verzweifelt an der Schmuckvitrine fest, um nicht mitgerissen zu werden, und versuche dabei, meine Frau so gut wie möglich mit meinem Körper zu schützen. In den alten Zeiten der Segelschifffahrt banden sich Seeleute im Sturm in höchster Not am Mast fest, in der Hoffnung, dass er nicht bricht. Ist hier das gleiche Prinzip…
„Keine Rempeleien!", ruft der Chefverkäufer nochmals, bevor er im Gewimmel seiner Kunden untergeht. Für einen Augenblick kann ich noch einen in die Höhe gestreckten Arm mit einem Mikrofon sehen, bevor auch er in der Masse der menschlichen Körper versinkt. Allerdings hätte er sich wegen irgendwelcher Rangeleien keinerlei Sorgen machen müssen.
Es gibt nämlich keine.
Es wird nicht gerangelt, es wird auch nicht gerempelt.
Bei dem, was sich vor unseren Augen abspielt, handelt es sich viel mehr um eine Schlacht. Eine Schlacht mit hohen Nahkampf-Anteilen.
Jeder gegen jeden.
Ältere Damen mit Kurzhaarschnitt nutzen den Umstand, dass die längeren Haare ihrer jüngeren Geschlechtsgenossinnen hervorragend Griffmöglichkeiten bieten, gnadenlos aus.
Zwei mittelalte Herren sind in einen Faustkampf verwickelt.
Direkt vor unserer Vitrine behaupten sich zwei ältere, zierliche Damen richtig wacker in einen Handgemenge mit einigen jüngeren Leuten. Bisher haben mir die beiden an Bord immer Leid getan. Eine hinkte immer schwer an einer Gehhilfe, die andere hatte immer eine Flasche mit Sauerstoff dabei. Heute allerdings laufen die beiden zu ungeahnter Hochform auf: Da wird die Krücke blitzschnell zur Stichwaffe, und die Sauerstoffflasche wird derartig geschickt als Keule eingesetzt, dass noch nicht einmal die kleinen Schläuche, die zur Nase der alten Dame führen, abreißen. Respekt, da steckt langjähriges Kampftraining dahinter!
„Du, schau mal, die Dicke dort drüben!", ruft auf einmal meine Frau und weist auf eine stattliche Dame im wildesten Getümmel. „Die

ist doch bisher immer nur in einem dieser Elektro-Rollstühle unterwegs gewesen!"
Ich vergewissere mich einen Moment, dann nicke ich. Ja, da hat meine Frau recht, die habe ich bisher noch nie auf eigenen Füßen gehen sehen. Also, ich muss schon zugeben, das ist ja wirklich eine tolle Uhr, die hier verkauft wird. Sie macht sogar Lahme wieder gehen.
Halleluja!
Höre ich ein Halleluja?
Bunte Papier- und Pappschnitzel von den zerrissenen Verpackungen erfüllen die Luft, und die ersten Käufer versuchen, ihre Beute in Sicherheit zu bringen. Eine elegante Dame mit nicht weniger als acht der begehrten Pappschachteln mit 299-Dollar-Uhren auf dem Arm – ich zähle zweimal, tatsächlich, acht – wankt an unserer Vitrine vorbei und lässt dabei eine der Schachteln fallen. Ich bücke mich, ohne dabei groß nachzudenken, um ihr die Schachtel aufzuheben, registriere aber im Augenwinkel eine Bewegung und ziehe reflexartig meine Hand zurück. Keine Zehntelsekunde zu spät, denn dort, wo sich gerade noch meine Hand befand, bohrt jetzt ein Pfennigabsatz ein hässliches Loch in den Teppichboden.
„Meins!", faucht die Dame und fletscht dabei die Zähne. „Meins!"
Ja, ja, schon gut. Ich ziehe mich wieder hinter meine Verteidigungsvitrine zurück, bis sie vorüber ist.
Gott sei Dank kommt jetzt Entlastung. Sara, die Assistentin und möglicherweise Nachfolgerin des gefallenen Chefverkäufers hat jetzt die Kasse erreicht. Etwas zerzaust und mit glasigem Blick, aber eindeutig lebendig beginnt sie zu kassieren, und so können die Erfolgreichen unter den Einkäufern das Geschäft mit ihrer Beute verlassen. Langsam ebben die Kämpfe ab, von einigen kleineren Scharmützeln abgesehen. Der Raum leert sich zusehends. Er wirkt jetzt nicht mehr ganz so elegant wie gewohnt, irgendwie macht er ein klein wenig den Eindruck, als sei eben die Rote Armee durchmarschiert. Wir können jetzt sogar wieder einen Blick auf den Verkaufstisch erhaschen: Tatsächlich! Da liegen sogar noch einige Uhren darauf!

„Also, diese Uhr muss ich mir jetzt doch einmal ansehen, wenn die alle so heiß darauf sind", spricht meine Frau aus, was ich befürchtete, und so navigieren wir uns vorsichtig und langsam an ein paar versprengten Kombattanten vorbei zum Verkaufsstand.
Meine Frau öffnet das, was von einer der Schachteln übrig blieb, und wirft einen Blick hinein. Ihr Gesicht verzieht sich.
„So was Klobiges und Protziges habe ich schon lange nicht mehr gesehen!", bricht es nach einer langen Sekunde aus ihr heraus.
„Du hättest vorhin zuhören müssen", erwidere ich geduldig. „Das soll ja auch eine Taucheruhr sein."
„Eine Taucheruhr?", fragt sie, nimmt die Uhr aus der Schachtel und wiegt sie nachdenklich in der Hand. „Glaub ich gerne. Bei dem Gewicht kommt man bestimmt ganz leicht ganz tief runter."
Sie legt die Uhr enttäuscht zurück.
„So ein Aufwand wegen solcher hässlichen Wecker", sagt sie und wendet sich zum Gehen. „Zu diesem Sale zu kommen, hat sich nicht gelohnt!"
Doch, finde ich, doch, hat es durchaus. Immerhin, so erkläre ich meiner Frau auf dem Weg zurück zu unserer Kabine und unserem friedlichen, langweiligen Balkon, hatten wir endlich einmal das Vergnügen, an einem der Höhepunkte amerikanischer Kreuzfahrtkultur teilzunehmen. Ist doch auch was, oder?

Am nächsten Tag spazieren wir vor dem Dinner müßig durchs Schiff, als ich am Rand des Foyers einen der üblichen Sonderverkaufstische sehe.
Einen Sonderverkaufstisch mit vielen, bunten Pappschachteln.
Entsetzen, nein, geradezu Panik erfasst mich, ich schaue mich verzweifelt um auf der Suche nach einem Mast, einer Diamantvitrine oder sonst einem Einrichtungsstück, an dem ich mich und meine Frau festbinden kann, bevor die Stampede einsetzt. Dann merke ich, dass das völlig unnötig ist. Unsere Mitreisenden, die an dem Verkaufstisch vorbei schlendern, würdigen die Schachteln und ihren Inhalt keines Blickes. Neugierig gehe ich auf den Tisch zu, greife nach einer der Schachteln.

Die Verkäuferin wirft einen Blick auf mein Handgelenk und meine Armbanduhr und strahlt: „Oh, eine Citizen Eco-Drive. Wie elegant!"
„Äh··· ja··· danke!", erwidere ich überrascht. Ist mir noch nicht oft passiert, dass ein Verkäufer ein solch gewöhnliches und billiges Produkt der Konkurrenz lobt···
Ich öffne die Schachtel. Sie enthält genau die gleiche Uhr, um die sich gestern unsere Mitreisenden prügelten.
„Die kostet heute sicherlich wieder 1400 Dollar, nicht wahr?", frage ich die Verkäuferin, aber die lacht nur leise.
„Nein, nein, die haben wir nochmals reduziert. Kostet jetzt nur noch 99 Dollar. Und wenn Ihnen dieses Modell nicht gefällt, habe ich noch ein paar andere auf Lager."
„Aber··· gestern··· nur eine Stunde··· gestern im Sale kostete sie doch 299 Dollar?" stammle ich verdutzt.
Die Verkäuferin zwinkert mir zu, dann zuckt sie die Achseln.
„Das war gestern. Heute ist halt Super-Sale···"

Falscher Dampfer

Meine Frau und ich sitzen im Büffetrestaurant unseres Schiffs beim Abendessen. Wir haben kurzfristig entschlossen, im Herbst noch mal eine Woche Sonne zu tanken und sind bei einer Reederei gelandet, die den deutschsprachigen Markt bedient.
DER Reederei für den deutschsprachigen Markt. Deren Schiffe alle einen Kussmund über dem Bug tragen.
Das ist auch der Grund für das Büffetrestaurant. Das schätzen wir zum Dinner eigentlich nicht so sehr, aber hier gibt es nur Büffet, wenn man keinen teuren Aufpreis für ein Bedienrestaurant zahlen will. Gefällt uns nicht so gut, wussten wir aber schließlich vorher, nicht wahr?

Am Tisch neben uns lässt sich ein älterer Herr, der an einem Stock geht, erleichtert nieder und schnauft schwer durch. Eine junge Frau, wohl seine Tochter – nein, eher seine Enkelin, meinem Eindruck nach – pfeffert ihren Teller ungehalten auf den Platz ihm gegenüber, so dass die Soße über den Tisch spritzt, und lässt sich auf den Stuhl plumpsen. Die junge Frau ist unzufrieden, das lässt sich nicht leugnen. Äußerst unzufrieden.
„Du hast mir eine Luxus-Reise versprochen!“, beschwert sie sich lautstark beim älteren Herren. „Eine LUXUS-Reise! Aber das hier ist doch nur Standard!“
Sie spricht das Wort Standard aus, als wäre es etwas, was man nur mit ganz spitzen Fingern anfasst. Und das nur, wenn man unbedingt muss.

Sie hat übrigens nicht ganz Unrecht. Zwar würde natürlich keine Reederei auf dieser Welt ihr Angebot als „Standard“ bezeichnen, allein schon aus Marketinggründen. Die Kreuzfahrtkritiker haben aber keine solchen Hemmungen. Und insbesondere der Papst der Kreuzfahrtkritiker, der Brite Douglas Ward, hat die Kreuzfahrtwelt der Vergleichbarkeit halber in drei großen Kategorien eingeteilt. Die Kategorie „Standard“ ist dabei die niedrigste. Sie steht für ein Massenprodukt. Für den Massenmarkt. Und unsere Reederei, da beißt die Maus keinen Faden ab, ist genau auf diesem Markt aktiv. Mit einem Massenprodukt. Im Standard-Sektor, mit anderen Worten.

„Aber Schätzchen!", versucht der ältere Herr die junge Frau zu beruhigen. „Mein Honigspätzchen…"
Mit kommen langsam so gewisse Zweifel an der Verwandtschaft der beiden.
Die junge Frau schleudert angewidert ihrer Gabel auf ihren Teller.
„So ein Fraß! Standard! Nichts als Standard!"

Nun ja, dass man auf einem Standardschiff nur eine Standardverpflegung erhält, ist irgendwie schon klar. Auch wir haben auf See schon besser gespeist, muss ich offen zugeben. Auf Premium-Schiffen zum Beispiel. Und einige, wenige Mal auch auf Schiffen des Luxus-Sektors. Aber trotzdem. Das Angebot hier an Bord würde ich jetzt nun nicht unbedingt als „Fraß" bezeichnen.

„Und dieser Wein!"
Sie gibt dem Weinglas einen Stoß, und nur dem einwandfreien Reaktionsvermögens des älteren Herren ist zu verdanken, dass das Glas nicht umkippt.
„Standard! Standard! Standard!"

Meine Frau und ich sehen uns einen Augenblick lang an und können uns schließlich ein leises Lachen nicht verkneifen. Wir stammen aus Franken, einem der besten Weinbaugebiete Deutschlands, und kennen uns mit Weinen ein klein bisschen aus. Den kostenlosen Tischwein hier an Bord haben wir natürlich neugierig schon am ersten Abend probiert, und wir waren uns umgehend einig, dass diese seltsame Flüssigkeit zwar für Mutproben aller Art bestens geeignet ist, aber keinesfalls für den menschlichen Genuss. Einen solchen Mecklenburger Schädelspalter als „Standard" zu bezeichnen wirft schon ein sehr deutliches Licht auf den Hintergrund der jungen Dame.

Die wirft uns, offensichtlich wegen unserer Heiterkeit, einen bitterbösen Blick zu.
„Und diese Klientel hier an Bord!", zischt sie dabei. „Diese Klientel! Alles Standard!"

Na gut, dagegen kann man nicht gut argumentieren. Wer mit einem Standard-Schiff reist, gehört in aller Regel zum Standard-Publikum. Uns inbegriffen. Ist mir zwar irgendwie etwas peinlich. Irgendwie aber auch logisch.

Die junge Frau ist jetzt den Tränen nahe. Sie wirft ihre Damast-Servierte sehr unfein auf den unberührten Teller, mitten in die Soße.
„Gott sei Dank dauert es nur einen Woche!", schleudert sie dem älteren Herrn entgegen. „Nur eine Woche, dann kann ich hier wieder weg!"
Dann rauscht sie aus dem Restaurant.
Der ältere Herr quält sich mit seinem Stock auf die Beine und versucht, ihr nachzueilen.
„Aber Schatzilein!", ruft er ihr hinterher. „Schatzilein, so warte doch. Ich werde···"
Der Rest verliert sich im Hintergrundrauschen der Gespräche der anderen Gäste.

„Na, da muss er sich wohl was einfallen lassen, um Schatzilein wieder gnädig zu stimmen", meint meine Frau schließlich amüsiert. „Am besten geht er gleich zum Bord-Juwelier und kauft dort den größten Stein, den er finden kann."
Ich schüttle nachdenklich den Kopf.
„Das wird nichts helfen", meine ich schließlich. „Wir waren doch schon dort, und die großen Stücke, weißt du noch, das waren alles keine Diamanten, sondern nur Strass. Auch der Bordjuwelier ist schließlich nur Standard."
Meine Frau kichert.
„Stimmt. Also, ich fürchte, die Ärmste ist hier buchstäblich auf dem falschen Dampfer gelandet."

(Non)-Smoking

Meine Frau und ich sitzen auf dem Balkon unserer Kabine und lassen unsere Blicke über die Weite des Nordpazifiks schweifen. Meine Frau tut dies mit deutlich angesäuerter Miene, und auch ich bin alles andere als erfreut. Ach, sind wir doch einfach ehrlich – ich bin stinksauer. Der Grund dafür, dass wir uns nicht so recht wohlfühlen, der Grund für unseren Ärger liegt an unseren Nachbarn.

Unsere Kabinennachbarn haben wir bisher zwar noch gar nicht zu Gesicht bekommen, und gehört haben wir von ihnen auch fast noch nichts, abgesehen von gelegentlichen krampfhaften Hustenanfällen. Dafür haben wir sie aber gerochen. Und wie. Bei dem älteren, amerikanischen Ehepaar in der Nachbarkabine handelt es sich nämlich um Raucher.
Allerdings nicht um normale Raucher, nein, auch wenn das für uns als beinahe schon militante Nichtraucher schon ärgerlich genug wäre. Nein, die beiden sind Kettenraucher. Im buchstäblichen und schlimmsten Sinne des Wortes. Tagsüber wird von den beiden buchstäblich ununterbrochen gequalmt. Jedes Mal, wenn wir auf unseren Balkon hinausgehen, treten wir in dichten Nikotinnebel, der nicht selten, je nach Windrichtung, auch noch von stinkenden Aschepartikeln durchsetzt ist.
Widerlich, einfach nur widerlich.
Und noch nicht einmal in der Nacht können die beiden abstinent bleiben; jede Stunde weckt uns das Rumpeln der benachbarte Balkontüre in ihrer Führungsschiene, wenn einer der beiden oder eben beide ihren Schlaf unterbrechen und schnell auch dem Balkon noch eine Zigarette anzünden. Noch nicht mal nachts können wir daher unsere eigene Balkontüre offen lassen.
Schwerste Kettenraucher im Endstadium der Sucht eben···
„Sag mal, haben die außer den Glimmstängeln überhaupt noch Gepäck dabei?", hatte meine Frau letzte Nacht müde-gequält gefragt, und ich hatte geantwortet, dass ich das allein aus Gewichtsgründen für sehr unwahrscheinlich hielte.

„Oh, so tu doch was!", dieser Aufruf meiner Frau hatte richtig verzweifelt geklungen.
Und ich würde ja auch gerne. Wirklich. Ich habe es sogar versucht und mich an die Gästebetreuung gewandt. Aber leider kann man da nichts, aber rein gar nichts machen, wurde mir mit dem Unterton des Bedauerns erläutert. Die Reederei gestattet nämlich ausdrücklich das Rauchen auf den Balkonen, und auch der Umzug in eine andere Kabine war nicht möglich – das Schiff ist ausgebucht.

Meine Frau lässt ihren Blick zur Sichtblende zum Nachbarbalkon hinter mir schweifen – und fixiert doch plötzlich etwas. Ihre Miene drückt Schrecken aus, und sie schlägt die Hand vor den Mund. Ich drehe mich schnell um, befürchte, dass dort irgendetwas in Brand geraten ist. Wäre ja keine Überraschung, schließlich wütet dort ja schon seit Tagen eine Art Tabak-Buschfeuer…
Nein, es brennt nichts. Dichte Nikotinschwaden wabern um die Sichtblende wie schon seit Tagen. Dann erfasse ich, was meiner Frau aufgefallen ist – und erschrecke auch.
Offenbar stehen unsere Nachbarn an der Balkonbrüstung, die Unterarme auf den Handlauf aufgestützt, und so können wir zum ersten Mal etwas von ihnen sehen.
Nämlich ihre Hände.
Nur ihre Hände.
Vier Hände, von denen zwei jeweils eine brennende Zigarette zwischen Zeige- und Mittelfinger halten.
Aber was für Hände! Faltige, teigige, schlaffe Haut, die eigentlich um einige Nummern zu groß für die darunter liegenden Knochen wirkt. Mit weißlich-grauem Teint. Gelbliche Fingernägel, die um die Nagelbetten herum tief-graublau angelaufen sind, verursacht offenbar durch ernste Durchblutungsstörungen. Das sind die Hände von…
„Gruselig!", flüstert meine Frau mir zu. „Hast du so was schon mal gesehen?"
„Oh, ja. Ja, das habe ich", flüstere ich zurück – und bin davon selbst überrascht.

Denn, unglaublich, aber ja, ich habe solche Hände tatsächlich schon gesehen. Und das mehr als einmal. Alte, seit Jahrzehnten verschüttete Erinnerungen brechen sich plötzlich Bahn. Erinnerungen an meinen Zivildienst, den ich vor fast vierzig Jahren in einem Altenheim absolvierte. Wo ich als junger Mann zum ersten Mal ernsthaft mit dem Tod konfrontiert war. Wo es – quasi selbstverständlich – zu meinen Aufgaben gehörte, die Bestatter bei ihrer Arbeit zu unterstützen. Und solche Hände wie unsere Kabinennachbarn, nun, solche Hände wiesen regelmäßig natürlich auch die Toten auf, bei denen ich den Bestattern half, ihnen ihren letzten Holz-Pyjama anzuziehen···

„Und wo hast du das schon gesehen?", will meine Frau überrascht wissen.
Ich winke ab; das spielt jetzt keine Rolle. Ich stehe auf, packe mein Buch ein und wende mich unserer Kabine zu. Mein Ärger ist schlagartig verflogen. Vielmehr erfüllt mich jetzt Mitleid.
„Komm, lass uns woanders ein ruhiges Plätzchen suchen", sage ich meiner Frau. „Vielleicht auf dem Sonnendeck? Und gönn ihnen", ich weise auf die immer noch sichtbaren Totenhände mit den qualmenden Sargnägeln, „gönn ihnen ihre Zigaretten. Bei denen könnte schließlich jede schon die letzte sein···"

Überfall

KRACH! BUMM!
Ich fahre aus dem Schlaf hoch, sitze im Bett, versuche mich zu orientieren. Im Dämmerlicht der Badezimmerbeleuchtung, die durch den Spalt unter der Tür hervor sickert, sehe ich unsere Kabine ruhig daliegen.
Richtig.
Wir sind vor drei Tagen in Los Angeles abgefahren und werden morgen Kahului auf Maui erreichen. Heute, korrigiere ich mich nach einem Blick auf den Wecker, heute, denn es ist halb drei am Morgen. Wir sind also immer noch auf dem Pazifik, dem so genannten Stillen Ozean, der, ich erinnere mich jetzt, seit gestern Vormittag eindrucksvoll demonstrierte, dass er auch ganz anders kann als still. Gestern kam nämlich Sturm auf, mit Windstärke 9 und meterhohen Wellen, die das Schiff in recht heftige Bewegung versetzen. Und wenn ich jetzt durch die raumhohen Fenster auf die schäumende See jenseits unseres Balkons schaue, dann scheint mir, als hätte er im Laufe der Nacht sogar noch mal eine Schippe drauf gelegt.

Mein Blick fängt den meiner Frau auf, die mit großen Augen ebenfalls im Bett sitzt.
„Was war das denn für ein Krach?", fragt sie besorgt, und ich zucke gleichgültig die Schultern.
„Weiß nicht. Vermutlich hat sich irgendwo etwas losgerissen", antworte ich müde und will mich wieder hinlegen. Dass auf einem schwer arbeitenden Schiff auch mal was in Bewegung geraten kann, was sich eigentlich nicht bewegen sollte, ist schließlich nicht unbedingt sonderlich überraschend.
„Nein!", hält mich meine Frau von meinem Plan ab. „Das war nicht irgendwo, das war in unserer Kabine! Ein Überfall! Ein Einbrecher!"
„Sei nicht albern!", entgegne ich und versuche, meinen Ärger und ein langes Gähnen zu unterdrücken. „Wir sind mitten auf dem Nordpazifik! Woher soll denn hier ein Einbrecher kommen? Schlaf weiter!"

RUMPEL! SCHEPPER!
Wieder dieser Krach!
„Das war in unserer Kabine! Da ist jemand im Bad!“, insistiert meine Frau ängstlich, und ich schüttle den Kopf.
„Da ist sicher nur deine Haarspraydose herunter gefallen“, versuche ich den Lärm zu erklären, etwas halbherzig, zugegeben, denn ehrlich gesagt, glaube ich selbst nicht so recht daran. Immerhin verfügen alle Ablagen in unserer Kabine und im Bad über kleine Umrandungen, so genannte Schlingerleisten, die genau das bei schwerer See verhindern sollen: nämlich, dass Gegenstände herunter rutschen. Ernste Bedenken tauchen in mir auf. Immerhin hat meine Frau ja immer recht, und wenn sie einen Einbrecher vermutet···
Ich schwinge kurz entschlossen meine Beine aus dem Bett, um der Sache auf den Grund zu gehen. Kurz erwäge ich, den Sicherheitsdienst an Bord anzurufen, komme aber zu dem Schluss, dass das zu nichts führen würde. Die können schließlich nicht wissen, dass meine Frau das Recht haben gepachtet hat, und würden mich daher nur auslachen. Nein, das muss ich selbst regeln. Ich bleibe kurz stehen, um mein Gleichgewicht zu wahren, als sich das Schiff in der schweren See auf die Seite legt.
PENG!
Oh mein Gott, meine Frau hat tatsächlich Recht! Das kann unmöglich eine kleine, leichte Spraydose sein, die ist nämlich gar nicht in der Lage, so massiv poltern. Da ist tatsächlich jemand im Bad und versucht, die Tür einzutreten. Gehetzt sehe ich mich in der Kabine nach einer Waffe um und ergreife schließlich eine Wasserflasche am Hals. Ist zwar nur einen Plastikflasche, aber immerhin mit anderthalb Liter Wasser gefüllt, und was Besseres kann ich auf die Schnelle leider nicht finden.

Vorsichtig und leise nähere ich mich dem Bad, in dem weiterhin irgendjemand randaliert. Ich greife nach der Türklinke, drücke sie langsam nach unten. Dann reiße ich, die Flasche in der anderen Hand hoch erhoben, die Tür ruckartig auf··· und etwas silbern Blitzendes schießt im grellen Licht der Badbeleuchtung auf mich zu, greift mich frontal und rücksichtslos an.

„AHHHHHH···.", brülle ich und schlage mit der Wasserflasche zu. So fest ich kann. Einmal. Zweimal. Dreimal···
Ich spüre, wie die Flasche platzt und mich mit Wasser bespritzt, weiche von der offenen Tür zurück, lehne mich keuchend an den Schrank auf der gegenüberliegenden Seite.
„Blut!", kreischt meine Frau auf einmal. „Mein Gott, Blut! BLUT! So viel BLUT!"
Blut?
Meines kann ´ s aber nicht sein...
Ich sehe an mir herab, erkenne, dass sich die Wasserflecken von der geplatzten Flasche auf meinem Schlafanzug dunkel abzeichnen. Kann man im Halbdunkel tatsächlich mit Blut verwechseln.
„Nein, kein Blut", beruhige ich meine Frau. „Nur Mineralwasser."
Dann starre ich in unser Badezimmer.
„Der Steward...", sage ich schwach.
„Unser Steward?", schreit meine Frau entsetzt auf und zieht die Bettdecke bis ans Kinn. „Du hast unseren Steward erschlagen? Warum, um Himmels Willen, warum hast du unseren armen Steward erschlagen?"
Ich spüre, wie sich mein Herzschlag beruhigt.
„Ach, Quatsch!", fahre ich meine Frau an. „Ich habe doch unseren Steward nicht erschlagen!"
Dann gebe ich mir einen Ruck und betrete das Bad, um den Einbrecher – der sich unter meinen Schlägen in den schmalen Raum zwischen der Toilette und der Wand geflüchtet hat und jetzt dort eingeklemmt ist – festzunehmen und meiner Frau für eine intensive Vernehmung zu präsentieren.

Bei dem Einbrecher handelt es sich um unseren Badezimmer-Mülleimer. Einen ursprünglich flachen, rechteckigen, jetzt aber stark verbeulten Behälter aus verchromtem Blech. Seinen Platz hat er eigentlich in einem Fach unter dem Waschbecken. Dem einzigen Fach im Bad übrigens, das nicht mit einer Schlingerleiste ausgerüstet ist. Die ist nämlich dort eigentlich auch nicht notwendig. An der Rückwand des Fachs ist nämlich eine Nut angebracht, in die man den Mülleimer an einer seiner Metall-Falzen einhängen kann.

Allerdings war unser Steward offenbar einfach zu faul, diesen einfachen Handgriff zu erledigen. Er hat den Eimer einfach lose in das Fach geschoben. Und bei diesem Seegang hat der Mülleimer sich natürlich dann irgendwann selbständig gemacht. Ausgesprochen lautstark selbständig gemacht···
Meine Frau und ich versuchen gemeinsam, den Müllbehälter wenigstens halbwegs wieder in die ursprüngliche Form zu bringen, was sich aber als gar nicht so leicht heraus stellt: Das Blech ist dick und lässt sich nicht so einfach biegen.
„Musstest du denn wie ein Blöder drauf hauen?", fragt mich meine Frau gereizt und vorwurfsvoll.
„Musstest du denn einen verrückt machen mit deiner Räuberpistole von einem Überfall?", frage ich nicht minder gereizt zurück.
Ich erwäge kurz, für die hier eigentlich notwendigen Kunstschmiedearbeiten ein entsprechendes Feuer auf dem Balkon zu entfachen, bezweifele aber, dass uns der Kabinenservice die dazu notwendigen Kohlen liefern kann. Schließlich gelingt es uns mit vereinten Kräften, den Mülleimer zumindest so weit zurechtzubiegen, dass er wieder halbwegs in sein Fach passt. Sorgfältig und vorschriftsgemäß hänge ich ihn in die Nut. Sieht ein wenig traurig aus, so verbeult···
„Ab sofort", sagt meine Frau streng, als wir uns wieder zu Bett begeben, „ab sofort hast du am Abend eine neue Aufgabe."
„Das Bad nach Einbrechern absuchen?", frage ich sarkastisch.
„Nein. Nur kontrollieren, ob der Mülleimer richtig eingehängt ist."

Bingo!

Wir – meine Frau und ich – sitzen im Theater unseres Schiffes und warten auf den Beginn der Abendvorstellung. Obwohl wir sehr früh gekommen sind, haben wir es nur mit Mühe geschafft, zwei freie Plätze finden, nämlich ganz oben auf dem Balkon, von wo aus die Bühne kaum zu sehen ist.
Dass unsere Mitreisenden sich hier bereits so zahlreich eingefunden haben, liegt aber keineswegs an deren überschäumenden Interesse an der Theatervorstellung. Es liegt vielmehr daran, dass vor der Vorstellung hier noch eine andere Veranstaltung stattfindet: nämlich das allabendliche Bingo.

Kennen Sie Bingo, liebe Leserin, lieber Leser?
Ist im Grunde genommen nichts anderes als eine Art Lotterie. Man kauft ein Los, auf dem wahllos rund 25 Zahlen aufgedruckt sind, und der Spielleiter, der jetzt eben auf der Bühne thront, zieht in einem fort Kugeln aus einer Lostrommel und liest die darauf vermerkten Zahlen vor. Die Spieler gucken, ob die gezogene Zahl auf ihrem Los vermerkt ist, und wer als erster auf seinem Schein eine gesamte Zahlenreihe, z.B. horizontal voll hat, ruft laut „Bingo!" und hat gewonnen.
Das klingt in ihren Ohren langweilig? Das finden wir auch. Ich persönlich halte den Schleudergang unserer Waschmaschine für wesentlich aufregender als jedes Bingo-Spiel. Vor allem dann, wenn sie auf 1600 Touren schaltet···

Aber jetzt sind wir hier, jetzt müssen wir durch, zumindest bis zum Beginn der Theatervorstellung. Eigentlich ist Bingo ja ein typisch anglo-amerikanisches Spiel. Wir wunderten uns von daher sowie schon, dass es hier, auf einem spanischen Schiff, überhaupt angeboten wird. Offenbar aber sehen auch die Spanier an Bord den gleichen Reiz darin wie die Engländer. Und sie ziehen voll mit. Nach jeder Zahl, die der Spielleiter vorliest, geht ein kollektives Stöhnen durch den Saal. Ganze Familien beugen sich konzentriert über ihr

Los, kritzeln mit Bleistiften auf daneben liegenden Notizblöcken, entwerfen offenbar ausgeklügelte Strategien, die es bei einem solchen Glücksspiel natürlich gar nicht gibt. Neu verkündete Zahlen werden lautstark diskutiert wie eine neue Meldung von der Front irgendeines Krieges im Generalstab. Misstrauisch wird immer wieder der gesamte Raum gemustert, als könnten feindliche Spione vom Nachbartisch versuchen, die persönlichen Loszahlen herauszukriegen. Besonders uns streifen immer wieder vorwurfsvolle Blicke, nehmen wir ja als Nicht-Spieler zwei potenziellen Bingo-Teilnehmern die Plätze weg.
„Wahnsinn!", kommentiert meine Frau. „Da geht ´ s heute ja wohl um einen riesigen Gewinn, so wie die sich aufführen!"
Ich werfe einen Blick auf die Anzeigetafel auf der Seite der Bühne, hinter dem Spielleiter.
„Oh, ja, und ob!", nicke ich. „Es geht heute immerhin um eine 52-Euro-Gutschrift aufs Bordkonto."
„52 Euro?", fragt meine Frau erstaunt. „Solch ein Aufstand wegen lumpiger 52 Euro?"
Ich zucke die Schultern, als meine Frau auf einmal zu kichern beginnt.
„Was machen die eigentlich, wenn ich jetzt ganz laut Bingo! schreie?"
Sie beantwortet ihre Frage gleich selbst: „Du, ich glaube, die erschlagen uns!"
Wir lachen beide, und ich gebe meiner Frau ist einzige Antwort, die hier passt: „Bingo!"

Fürsorge

„Wart ´ mal einen Augenblick!"

Ich bleibe im breiten Gang, der ins Atrium unseres Schiffes führt, stehen und massiere mir kurz meinen Rücken. Meine Frau und ich sind auf dem Weg zu den Bordgeschäften, wo heute Nachmittag ein Sonderverkauf stattfindet. Leider aber fühle ich mich im Augenblick nicht so besonders. Und zum Shoppen bin ich eigentlich nun gar nicht aufgelegt. Ich kämpfe nämlich im Augenblick mit einer Ischialgie···

Kennen Sie das, verehrte Leserin, lieber Leser?

Eine Ischialgie?

Nein?

Dann haben Sie Glück. Es handelt sich bei diesem Phänomen nämlich um einen recht starken Nervenschmerz, der meist dadurch verursacht wird, dass ein Nervenstrang irgendwo eingeklemmt wird. Bei mir ist diese Sache die Folge einer Bandscheibenoperation, und sie tritt leider immer wieder auf. Manchmal recht unvermittelt. Zwar gibt es Schmerzmittel dagegen, aber wenn der Schmerz richtig zuschlägt, dann hilft erst mal nichts außer Ruhe.

„Dein Rücken?", fragt meine Frau, ohne übrigens besonderes Mitleid erkennen zu lassen. Klar, sie leidet auch an solchen Schmerzen, nicht selten sogar noch mehr als ich, und neigt aus ihrer eigenen Erfahrung heraus zu der Haltung, dass alles, was einen nicht umbringt, einen nur noch härter macht.

Ich nicke.

„Geh du doch schon einfach mal voraus", erwidere ich. „Ich setze mich einfach ein paar Minuten hin und komme dann nach."

Ist meiner Frau Recht. Ich setze mich auf eine gepolsterte Bank, die unter einem der großen, runden Fenster steht, die den Gang hier erhellen, und sehe zu, wie meine Frau rasch in Richtung der Verkaufsstände am Rand des Atriums verschwindet.

Dann schlägt der Schmerz zu. So richtig. Mein rechtes Bein fühlt sich an, als stünde es in Flammen. Ich beiße die Zähne zusammen und merke, wie mir auf der Stirn der kalte Schweiß ausbricht. Oh mein Gott, hoffentlich geht es schnell vorbei. Einmal nämlich dauerte ein solcher Anfall bei mir geschlagene drei Wochen···

Eine Reinigungskraft, eine kleine Philippinin, gekleidet in eine einfache Uniform und bewaffnet mit einer Sammlung verschiedener Putzlappen eilt an meiner Bank und mir vorbei und grüßt mich im Vorübergehen flüchtig.
Dann bleibt sie zu meiner Überraschung abrupt stehen; ich höre gewissermaßen bei ihr die Bremsen quietschen. Sie dreht sich um und eilt zu mir.
„Sir, geht es Ihnen nicht gut?", fragt sie besorgt. „Sie sehen so blass aus!"
Ich bin zu gleichen Teilen überrascht und gerührt. Dass selbst die Reinigungskräfte Anteil am Wohlbefinden der Gäste nehmen, hätte ich nicht gedacht.
„Nein, nein, keine Sorge", antworte ich und bemühe mich, nicht allzu gestresst zu wirken. „Das ist nichts Ernstes. Ich muss nur einfach ein paar Minuten sitzen bleiben."
Sie nickt, zögert kurz, wendet sich dann aber wieder ihren Aufgaben zu und eilt weiter, genau rechtzeitig noch, bevor die nächste Schmerzwelle mein Bein durchströmt. Ich schließe die Augen und lehne den Kopf an die Wand. Oh verdammt...

Ein Finger tippt mich vorsichtig an, und ich schlage die Augen wieder auf. Wieder steht eine Uniform vor mir. Diesmal steckt der Barkeeper aus der Bar schräg gegenüber von meinem Sitzplatz darin. Er wirkt besorgt.
„Sir, es geht Ihnen nicht gut", stellt er sachlich fest. „Brauchen Sie etwas? Ein Glas Wasser vielleicht? Oder soll ich den Schiffsarzt rufen?"
Ich richte mich auf meiner Sitzbank auf und strecke das schmerzende Bein vorsichtig aus. Nicht, dass das viel gegen den Schmerz

hilft. Aber einen Muskelkrampf kann ich jetzt beim besten Willen nicht auch noch brauchen. Dann schüttle ich den Kopf.

„Nein, danke, aber das ist nicht notwendig. Wird gleich wieder besser!"

Hoffe ich zumindest.

Der Barkeeper guckt mich zweifelnd an.

„Wie Sie meinen. Aber wenn Sie Hilfe brauchen, rufen Sie einfach, ich bin dort drüben."

Er weist auf den Tresen, hinter dem er die Drinks und Cocktail mixt. Ich bedanke aufrichtig für sein Angebot und sehe ihm hinterher, als er sich wieder an die Arbeit macht. Dass man so viel Aufmerksamkeit für die Probleme der Gäste zeigt···

Oh Mann, wann die Tablette, die ich vorhin genommen habe, wohl endlich wirkt? Ich schaue durch das Fenster hinter mir hinaus auf die See und versuche, die Muskulatur bewusst und so gut wie möglich zu entspannen.

„Sir! Sir, hören Sie mich?"

Ich brauche einen Augenblick, diesen Ausruf auf mich zu beziehen, und erst, als mich jemand an der Schulter schüttelt, blicke ich auf. Vor mir steht erneut ein Uniformträger. Die Uniform ist diesmal dunkelblau, und an den Ärmeln blitzen drei breite Goldstreifen auf rotem Grund. Nautisches Personal. Einer der Offiziere unseres Schiffes ist vor mir stehen geblieben.

Ich schaue ihn verwirrt an: „Ja, natürlich, warum···"

„Ich dachte schon, Sie sind bewusstlos", erklärt er mir besorgt. „Ihnen geht es aber gar nicht gut. Es wäre vielleicht besser, wenn ich den Schiffsarzt hole!"

Er zieht sein Funkgerät aus der Tasche und hebt es zum Mund.

„Nein, nein!", wehre ich erschrocken ab. Vor meinem geistigen Auge sehe ich schon, wie nach der Ansage „Alpha Alpha!" durch die Bordlautsprecher die Rettungssanitäter ausrücken. Die Rührung von vorhin weicht leichtem Ärger. Verdammt, ich will doch nur hier sitzen und in Ruhe vor mich hin sterben.

„Das ist wirklich nicht notwendig! Ich warte nur ein paar Minuten, bis meine Tablette wirkt, dann geht es schon wieder!"

Der Offizier guckt mich prüfend und skeptisch an. Nach einer langen Sekunde nickt er und steckt das Funkgerät wieder ein.
„Na gut. Aber fallen Sie mir hier nicht um. Rufen Sie einfach jemanden von der Besatzung, wenn Sie Hilfe brauchen."
Ich bedanke mich für seine Sorge und erkläre ihm, dass ich die Hilfsbereitschaft der Besatzung schon bemerkt hätte und wirklich zu schätzen wüsste, und er geht, halbwegs beruhigt, seiner Wege.
Ich merke, dass die Tablette jetzt tatsächlich anfängt zu wirken – mir wird nämlich übel. Eine häufige Nebenwirkung starker Analgetika. Ich stütze den Kopf auf meine Knie, studiere das Muster des Teppichbodens und versuche, langsam und regelmäßig durch die Nase zu atmen. Wäre ja zu blöd, wenn ich mich jetzt auch noch übergeben müsste…
Zwei Beine, die in dunkelblauen Uniformhosen stecken, treten auf einmal in mein Blickfeld und bleiben stehen. Ich schaue wieder auf. Auf den Ärmeln der Uniformjacke sind wieder einige breite Goldstreifen zu sehen, diesmal auf weißem Grund, gekrönt von einem Äskulapstab. Oha. Das ist jetzt zur Abwechslung mal garantiert niemand, der mich zum Schiffsarzt bringen will. Das hier ist der Schiffsarzt. In höchsteigener Person.
„Sir, kann ich Ihnen helfen?", will er besorgt wissen. „Kommen Sie, ich bringe Sie ins Bordhospital!"
Ich schüttle den Kopf.
„Nein, danke, Doktor, geht schon wieder!", erkläre ich ihm und bringe sogar ein kleines Lächeln zustande. Vorsichtig stehe ich auf; die Schmerzen sind zwar immer noch stark, aber wenn ich hier sitzen bleibe, das erkenne ich jetzt, wird man mich eher früher als später ins Hospital verfrachten. Ob ich das nun will oder nicht.
„War nur ein Anfall, der jetzt abklingt. Aber vielen Dank für Ihr Hilfsangebot!"
Auch der Schiffsarzt betrachtet mich zunächst skeptisch, nickt dann aber.
„Gut. Aber wenn Sie Hilfe brauchen, lassen Sie mich rufen. Jederzeit. Oder kommen Sie doch heute Abend in meine Sprechstunde!"

Ich versichere ihm, ihn, wenn notwendig, zu konsultieren, und mache mich dann langsam und vorsichtig, auf dem schmerzenden Bein ein wenig hinkend, auf die Suche nach meiner Frau.

Ich finde sie in bester Laune und mit einem Stapel Sonderangebot-T-Shirts über dem Arm am Rande der Verkaufsstände.
„Na, fühlst du dich wieder besser?“, fragt sie mich fröhlich.
Ich nicke.
„Klar. Bei so viel Fürsorge wie auf diesem Schiff bleibt mir ja auch gar nichts anderes übrig···“

My heart will go on

Wir – meine Frau, unser zehnjähriger Sohn und ich – stehen auf dem Sonnendeck und sehen fasziniert zu, wie unser Schiff aus dem Hafen ausläuft. Wir haben eine ganze Woche Kreuzfahrt im östlichen Mittelmeer vor uns, und bereits diese erste Stunde gehört zu den Höhepunkten, denn wir verlassen nicht irgendeinen Hafen.
Nein, unsere Seereise beginnt in Venedig.
Ohne jeden Zweifel eine der schönsten Städte der Welt.
Die Schifffahrtsrouten führen genau durch die Lagune, an den schönsten Stellen der Stadt vorbei. Eben passieren wir den Markusplatz. Vor uns tuckert der Schlepper, der unserem Schiff beim Navigieren durch das enge Gewässer hilft. Ein entgegenkommendes Fährschiff grüßt uns mit einem langen, klagenden Heulen seines Horns, und das Horn unseres Schiffes brüllt die Antwort. Auf dem Markusplatz sind die Passanten stehen geblieben und sehen unserem weißen, schwimmenden Palast nach, viele winken uns zu. Hinter uns, auf der Bühne beim Pool, steht das Schiffsorchester und begleitet die Fahrt durch Venedig musikalisch.
Traumschiffatmosphäre, mit einem Wort.

Das Schiffsorchester beendet ein Musikstück, pausiert einige Augenblicke und setzt dann zu einer neuen Melodie an.
„My Heart Will Go On", erkenne ich nach einigen Takten.
Mein Sohn zupft an meinem Hemd, in seinen Augen mischt sich Besorgnis mit – ja, womit? Ich kann diesen Ausdruck im Augenblick irgendwie nicht richtig einordnen…
Nur die Besorgnis, die ist eindeutig.
„Papa, wird unser Schiff sinken?", will er von mir wissen.

Ach herrje. Da haben wir den Salat.
Vor unserer Kreuzfahrt hat er sich nämlich mit dem Thema „Seereise" beschäftigt. Wobei sich diese Information aber leider in erster Linie darin erschöpfte, einen meiner Bildbände über Werke des Marinemalers Ken Marschall heraus zu kramen und ausgiebig des-

sen beeindruckendes, um nicht zu sagen verstörendes Gemälde zu betrachten, das detailliert die Panik an Deck der untergehenden „Lusitania" zeigt. Und er hat sich natürlich – gewissermaßen als Pflichtübung für den angehenden Kreuzfahrer – trotz meiner Proteste James Camerons „Titanic" angesehen. Was natürlich auch die Gedankenverbindung zwischen Schiffsuntergang und dem eben gespielten Lied erklärt.
„Nein", erkläre ich ihm, „unser Schiff wird nicht sinken. Warum sollte es?"
„Und wenn ein Eisberg kommt?", hakt er nach.
Ich lache.
„Eisberge im Mittelmeer, im August? Ich glaube, da brauchst du dir wirklich keine Gedanken zu machen!"

Allerdings ist für ihn die Sache damit nicht erledigt.
Unseren Tischnachbarn beim Dinner fällt er bald auf die Nerven, indem er bei jeder Welle und bei jedem leichten Schaukeln des Schiffs verkündet, das Schiff werde bestimmt bald sinken. Immerhin habe das die Schiffskapelle mit ihrem „My Heart Will Go On" ja schon angekündigt. Und außerdem hat der Bordfotograf im Foyer sogar ein Bild des großen Treppenhauses der „Titanic" als Hintergrund für seine Aufnahmen aufgebaut, verkündet er am dritten Tag.
Ein noch schlechteres Omen sei ja wohl nicht vorstellbar.
Eine unserer Nachbarinnen, eine etwas zart besaitete Dame, ohnehin mit einer gewissen Neigung zu Seekrankheit, verschlägt das zuletzt derart den Appetit, dass sie den Tisch verlässt, und so muss ich nach dem Dinner des dritten Abends ein ernstes Wort mit meinem Sohn reden.
Nein, so mache ich ihm klar, dass Schiff werde auf keinen Fall sinken.
Versprochen.
Großes Indianerehrenwort.
Was allerdings das seltsame Leuchten in seinen Augen, das stets beim Thema Titanic auftaucht, nicht vertreiben kann.
Wenn ich es nicht besser wüsste, würde ich es glatt für Sensationslust halten...

Einige Tage später, wir sind leider, leider wieder zu Hause, höre ich zufällig, wie mein Sohn seinen Freunden von unserer Kreuzfahrt erzählt.
„Na, wie war ´ s?“, will einer der Jungs wissen.
„Stiiiinklaaaangweilig!“, erwidert unser Sohn im Brustton der Überzeugung. „Nichts ist passiert, gar nichts. Das Schiff ist die ganze Woche nicht gesunken. Kannst du dir das vorstellen? Nicht ein einziges Mal!“

Gute Unterhaltung

Meine Frau und ich sitzen wie fast jeden Abend im Theater unseres Schiffes und genießen – nach einem guten Dinner satt und zugegebenermaßen etwas träge – das Abendprogramm. Heute Abend sind wir, zugegeben, auch etwas gespannt.
Heute Abend ist nämlich eine Show der bordeigenen Tanztruppe angekündigt. Solche Eigenproduktionen der Reederei sind nach unserer Erfahrung meistens recht gut, auch wenn natürlich keine Stars in ihnen auftreten. Macht aber nichts. Hinsichtlich der Choreografie und der Kostüme lässt sich unsere Reederei nämlich nicht lumpen und gibt für die Entwicklung einer solchen Production-Show schon mal eine runde Million Dollar aus, und die Ergebnisse erreichen, zumindest teilweise, durchaus Broadway-Niveau.
Absolut sehenswert, mit einem Wort.
Das „teilweise" bezieht sich diesmal – leider – auf das Orchester. Da unsere Reederei im Premium-Segment fährt, ist es selbstverständlich, dass die Musik für die Show nicht vom Band kommt, sondern ein eigenes, kleines Bordorchester die Sänger und Tänzer begleitet. Die Betonung liegt hier aber leider seit neuestem auf „klein". Umfasste die Band früher noch acht Musiker, so sind es diesmal nur noch fünf, und als Ergebnis dieser Einsparmaßnahme klingt die Musik jetzt irgendwie··· na, sagen wir mal: Sie klingt ein wenig dünn.

„Guck dir mal den Gitarristen an!", fordert mich meine Frau nach einigen Minuten der Vorstellung auf.
Weisungsgemäß werfe ich einen langen, genauen Blick auf ihn. Es handelt sich um einen jungen Mann, der in der Uniform der Band links auf der Bühne steht und mit gesenktem Kopf eine elektrische Gitarre spielt. Allerdings kann ich auch bei schärfster Musterung nichts sehen, was irgendwie auffällig wäre.
„Ja?", frage ich daher meine Frau. „Was ist mit dem Gitarristen?"
„Der hat heute wohl keine Lust!", meint meine Frau kritisch.
Ich widme dem jungen Mann einen weiteren langen, genauen, aufmerksamen und detaillierten Blick. Na gut, zugegeben, besonders

engagiert wirkt er wirklich nicht, da muss ich meiner Frau wieder mal Recht geben. Er steht fast bewegungslos im Hintergrund, hält den Kopf gesenkt, und bearbeitet sein Instrument mit ausgesprochen sparsamen Handbewegungen.
Bemerkenswert effizient, wenn man so will.
„Hm – vielleicht ist er ja nur einfach in seine Musik versunken?", mutmaße ich, aber meine Frau wischt meinen Einwand mit einem kurzen und apodiktischen „Quatsch!" zur Seite.
Wie sie meint. Ich folge weiter der Show.

„Sag mal", flüstert sie mir einigen Minuten später ins Ohr, „ist das überhaupt ein Mensch?"
Ich weiß zuerst gar nicht, was sie meint, aber ihr Blick hängt immer noch an dem jungen Musiker.
„Bitte?", flüstere ich verständnislos zurück. „Was soll er den sonst sein?"
„Na, so eine Figur wie in den Vergnügungsparks! Wie heißen die noch mal? Ani··· Ani···?"
„Animatronik?", frage ich und kann ein kleines Schmunzeln nicht unterdrücken, ebenso wenig wie ein unbehagliches Gefühl. Tatsächlich ist der Gedanke jetzt, wo man darauf hingewiesen wird, gar nicht mal ganz abwegig, so mechanisch, wie er nur die Hände bewegt.
„Du hältst ihn wirklich für eine animatronische Figur?"
„Klar!", meint meine Frau überzeugt. „Ist doch sicher viel, viel billiger als ein echter Musiker!"
Womit sie wieder mal ins Schwarze trifft.
Aber voll.
Ich glaube, ich werde den jungen Mann ebenfalls mal im Auge behalten. Nur so für alle Fälle···

Wieder einige Minuten später hebt der Gitarrist den Kopf, um seine Noten auf dem Ständer vor ihm besser sehen zu können.
„Nein, keine Animatronik", sage ich leise zu meiner Frau, aber die schüttelt den Kopf.

„Doch, aber sicherlich ein Prototyp", gibt sie ebenso leise wie nachdrücklich zurück. „Echt raffiniert! Vermutlich das erste Modell mit beweglichen Augen. Ich frage mich aber", fährt sie nachdenklich fort, „wie man den wohl auf die Bühne und wieder runter bekommt? Ob man ihn nach der Vorstellung einfach im Boden versenkt? Oder vielleicht muss ja da ein Arbeiter mit einer Sackkarre ran?"
Ich schmunzle breiter. Wir werden heute nach der Vorstellung noch ein paar Minuten warten müssen, das merke ich jetzt schon···

Die Show erreicht ihren Höhepunkt, und meine Frau schubst mich an.
„Weißt du, was die nächste Stufe sein wird?"
„Von der Show?", frage ich zurück, denn wieder kann ich ihre Frage nicht richtig einordnen.
„Nein!", antwortet meine Frau ungehalten. „Von dem mechanischen Musiker!"
Ach so. Sie ist immer noch mit dem jungen Gitarristen beschäftigt, der übrigens mittlerweile – Höhepunkt hin oder her – wieder in seine äußerst sparsamen Handbewegungen verfallen ist.
Ich seufze.
„Nein, weiß ich nicht. Was wird die nächste Stufe sein?"
„Sie werden ihm irgendwo am Rücken oder an der Seite einen Schlitz einbauen!", erklärt meine Frau im Brustton der Überzeugung. „Und wenn man ihn spielen sehen will, muss man einen Euro einwerfen!"
Ich kichere leise, wenngleich etwas unbehaglich. Meine Frau ist da doch glatt auf eine Möglichkeit gestoßen, den Bordumsatz zu anzukurbeln, an die bisher noch nicht einmal die Reederei gedacht hat. Und für gewöhnlich hat sie ja Recht, wie schon gesagt. Ob man in Zukunft tatsächlich einen Becher mit Münzen zur abendlichen Unterhaltung mitbringen muss? Schrecklicher Gedanke···

Die Show geht dem Ende zu. Die Sänger und Tänzer verneigen sich, und etliche unserer Mitreisenden sind aufgesprungen und spenden begeistert stehende Ovationen.

„Na, soooo gut war die Vorführung nun auch nicht!“, stelle ich kritisch und sitzend fest.
„Ach, denen geht ´ s doch gar nicht um die Vorstellung“, klärt mich meine Frau mit einer wegwerfenden Handbewegung auf. „Die haben nur eine ganze Stunde nichts mehr gegessen und wollen nur so schnell wie möglich ans Büffet!“
Schließlich verlässt auch das kleine Orchester die Bühne, unter ihnen – zur Enttäuschung meiner Frau – auch der junge Gitarrist.
Auf eigenen Beinen.
Ohne Sackkarren oder sonstige Hilfsmittel.
Wieder mal eine schöne, plausible Verschwörungstheorie beim Teufel...
Auch wir erheben uns schließlich und begeben uns zum Ausgang des Theaters.
„Ach, weißt du, eigentlich habe ich mich heute Abend wirklich gut unterhalten“, meint meine Frau schließlich.
„Ja, ich auch“, stimme ich ihr zu, „und die Show, die war auch nicht schlecht!“

Nationalstolz

Meine Frau und ich lehnen am Nachmittag auf dem Promenadendeck an der Reling und sehen zu, wie unser Schiff fürs Ablegen vorbereitet wird. Haben wir zwar schon oft gesehen, und doch hat es aber immer wieder einen seltsamen Reiz, dabei zuzugucken, wie die Gangway von einem Kran beiseite gehoben, wie die Gangwaypforte geschlossen und verriegelt wird. Wie die Hafenarbeiter die Leinen loswerfen und damit die letzte Verbindung des Schiffes zum Land kappen. Wie die Strahlruder das Schiff in einer Wolke schlickigen Hafenwassers vom Kai wegdrücken, während der Hafenagent und manchmal auch Angehörige der Besatzung ein letztes Lebewohl herüber winken. Irgendwie versteht man in diesen Augenblicken so richtig, dass man ab sofort, der ganzen modernen Technik zum Trotz, isoliert ist und sein Leben in die Hand der Naturgewalten und einer hoffentlich fähigen Besatzung legt.

„Ist schon ein tolles Schiff!", bemerkt ein älterer Herr, der neben uns an der Reling steht und ebenfalls beim Ablegen zusah.
Ich brauche einige Sekunden, um zu verstehen, was er meint, denn er sagt es auf Niederländisch. Keine wirkliche Überraschung, nein, immerhin fährt das Schiff unter niederländischer Flagge, und die Bewohner dieses kleinen Landes stellen die größte Gruppe der Passagiere.
„Ja, das stimmt, ist schon sehr schön", antworte ich unverbindlich und auf Deutsch, ganz frech einfach mal voraussetzend, dass der ältere Herr wie die meisten Niederländer leidlich Deutsch versteht. Tut er tatsächlich.
„Sie sind nicht aus Holland?", fragt er auf Deutsch und klingt dabei sehr überrascht.
Aber keineswegs angenehm überrascht. Eher unangenehm berührt, genauer gesagt.
„Nein, wir kommen aus Deutschland", erläutere ich ihm das Offensichtliche.

„Sind aber nicht viele Deutsche hier an Bord!", stellt er kritisch, beinahe schon feindselig fest, und ich nicke. Nein, sind es nicht, insgesamt vielleicht ein knappes Dutzend unter den 1300 Passagieren. Da muss man schon suchen, um einen zu finden.
„Ja – und wieso fahren dann Sie mit einem niederländischen Schiff?", erkundigt er sich.
Seine Stimme klingt deutlich vorwurfsvoll.
„Als Deutsche ausgerechnet auf einem niederländischen Schiff?"
Die Anklage ist beim besten Willen nicht zu überhören: „Schaut dass ihr beide von Bord kommt und hört auf, unser schönes Schiff zu verschandeln!", sollen diese Worte wohl ausdrücken.
Meine Frau öffnet den Mund, bekommt aber von mir einen Rippenstoß, bevor sie etwas sagen kann. Sie hatte zweifellos bereits eine scharfe Entgegnung auf der Zunge, das weiß ich, und so sehr sich unser Mitreisender sie auch verdient hätte, es würde nichts bringen. Ich ernte einen empörten Blick von ihr, schenke ihm aber keine weitere Beachtung.
„Wissen Sie", erkläre ich stattdessen dem älteren Herren in aller Ruhe und lehne mich vertraulich zu ihm, „das ist eine komplizierte Geschichte. Als erstes sollte man sich klar machen, dass das hier gar kein niederländisches Schiff ist..."
„Waaaas? Nicht niederländisch? Aber···"
„Es fährt unter niederländischer Flagge, ja. Aber schauen Sie doch mal auf Plakette an der Wand hinter Ihnen!"
Ich weise auf eine große Metalltafel an der Wand, auf der groß und breit die Bauwerft und auch die Baunummer unseres Schiffes vermerkt sind.
„Sehen Sie? Ist in Venedig gebaut. Italien. Es ist also ein italienisches Schiff."
Der Herr läuft rot an.
„Aber die Niederländer haben es in Auftrag gegeben!"
Ich nicke verständnisvoll.
„Nein, eigentlich nicht", erwidere ich dann und zögere ein wenig verlegen, „eigentlich waren das die Amerikaner."
„Aber die Reederei ist doch niederländisch!"
Wieder nicke ich.

„Nun – nicht mehr so richtig. Die Reederei wurde schon vor ungefähr zwanzig Jahren von einem amerikanischen Großkonzern aufgekauft. Sogar ihre Zentralverwaltung ist schon vor Jahren nach Miami umgezogen. Da können Sie sich ja ausrechnen, wer dort das Sagen hat."

Seine Gesichtsfarbe wechselt von rot zu weiß.

Bevor er etwas einwerfen kann, fahre ich fort: „Und da kommen wir ins Spiel. Wissen Sie, meine Frau und ich sind Aktionäre des amerikanischen Unternehmens. Und da wollten wir uns einfach endlich mal unser Schiff anschauen…"

Der Herr schnappt jetzt krampfhaft nach Luft.

Ich beuge mich noch ein Stückchen zu ihm vor, zwinkere mit einem Auge und senke meine Stimme auf ein Flüstern: „Aber bitte nicht weitersagen. Wir wollen ja schließlich unsere niederländischen Gäste nicht verschrecken, nicht wahr?"

Der ältere Herr wendet sich ohne weiteres Wort von mir ab und stolpert zu einer der Türen, die ins Schiffsinnere führen.

„Ein amerikanisches Schiff!", flüstert er für sich selbst und schüttelt dabei unentwegt den Kopf. „Ein amerikanisches Schiff!"

Als ich mich wieder meiner Frau zuwende, sehe ich, dass sie eine besorgte Miene aufgesetzt hat. Äußerst besorgt.

„Sag mal, hast du es jetzt nicht etwas weit getrieben? Was, wenn der nun einen Herzanfall bekommt?"

Ich winke ab.

„Wird schon nicht passieren. Und außerdem", jetzt zwinkere ich ihr vertraulich zu, „außerdem haben wir ja im Notfall eine ausgezeichnete Ärztin an Bord."

Ich zögere kurz.

„Obwohl… oh Mist! Die ist ja auch nicht aus den Niederlanden! Die ist aus Indonesien!"

Fluchtweg

Es ist wieder soweit: Meine Frau und ich stechen in See.
Hurra!
Wir haben eine lange und anstrengende Anreise hinter uns, wir haben die Einreise in die USA und auch die Einschiffung überwunden, und wir haben auch eine Rettungsübung absolviert, die so streng war wie noch keine vor ihr.
Klar – die Reedereien sind nach dem Untergang der „Costa Concordia" alle recht nervös.
Kann ich aber nur gutheißen – ist ja schließlich auch in unserem Interesse.
Aber jetzt, jetzt beginnt die Entspannung.

Wir packen gerade unsere Koffer aus, als meine Frau, die den Teil des Schranks direkt neben der Kabinentür mir Beschlag belegt, ihren Blick auf dem Rettungsplan ruhen lässt, der die Innenseite der Kabinentür schmückt.
„Hast du da eigentlich schon mal einen Blick darauf geworfen?", fragt sie mich kritisch.
Ich nicke.
Habe ich.
Schon vor der Rettungsübung.
Die Rettungswege zu kennen, habe ich mir schon seit jeher zur Pflicht gemacht, egal, ob auf einem Hotel an Land oder auf einem Kreuzfahrtschiff.
„Der Fluchtweg führt durch den Backbord-Kabinengang nach achtern zum Treppenhaus", erkläre ich meiner Frau, während ich meinen Smoking auf einen Bügel hänge, „da entlang, wo wir auch hergekommen sind. Und der alternative Fluchtweg führt nach vorne, zum Bug."
Meine Frau runzelt die Stirn.
„Nach vorne? Ich dachte, wir seien schon ganz vorne? Vorne ist doch gar nichts mehr!"

„Nein, stimmt so nicht“, erläutere ich ihr geduldig. „Vor uns gibt es zwar nur noch einige wenige Passagierkabinen, das ist richtig. Aber davor ist ein Teil des Mannschaftsbereichs, und dort gibt es auch ein Treppenhaus. Das ist unsere Fluchtroute, wenn die andere versperrt ist.“
Sie schließt resolut die Schranktür.
„Nein. Ich bin mir sicher, dass es vorne im Gang nicht weitergeht.“
Ich seufze, räume den Smoking in den Schrank und öffne die Kabinentür.
„Du irrst. Komm mit, ich zeige es dir.“

Wir treten in den Kabinengang, wenden uns nach links und folgen dem alternativen Fluchtweg.
Allerdings nur wenige Schritte.
Dann stehen wir··· vor einer Wand.
Hübsch geschmückt mit einem Druck, der ein Blumenstilleben zeigt.
Aber zweifellos eine Wand.
„Und?“, fragt meine Frau. Triumph schwingt in ihrer Stimme. „Wo ist denn dein Personal-Treppenhaus? Dein Alternativ- Fluchtweg?“
Nun ja, das Treppenhaus muss sich dem Plan zufolge genau vor uns befinden. Direkt hinter dieser Wand.
Nur einige Schritte entfernt, wenn wir durch die Wand hindurch gehen könnten.
Können wir aber nicht.
Ich untersuche die Wand genau, vielleicht versteckt sich ja irgendwo eine Tapetentür, wer weiß? Tut sie natürlich nicht, wie ich nach kurzer Inspektion feststelle. Keine Tapetentür. Nicht mal ein Mauseloch. Ich muss mir selbst eingestehen, dass hier ja auch auf jeden Fall ein Schild mit der Aufschrift „Exit“ hängen müsste, würde es hier einen Ausgang geben. Aber auch ein solches Schild fehlt.
Es ist eben nur eine ganz ordinäre Wand.
„Vielleicht haben wir den Plan nicht richtig gelesen?“, zweifle ich an mir selbst, aber meine Frau schüttelt den Kopf.
„Nein, haben wir nicht. Der Plan weist hierhin.“
„Ein falscher Evakuierungsplan?“, grüble ich.

„Ja. Ein starkes Stück, finde ich!"
Da hat sie recht.
So wie immer eben.
Ich seufze resigniert.
„Ich frage mich", denkt meine Frau laut, „wo eigentlich der richtige Fluchtweg ist. Es muss doch einen geben, oder?"
Ja, muss es.
Und ich glaube, ich weiß wo.

Wir gehen zurück zu unserer Kabine und folgen dort einem Quergang, der hinüber zum anderen Kabinengang auf unserem Deck führt, dem auf der Steuerbordseite. Im Steuerbordgang biege ich wieder in Richtung Bug ab··· und··· voila! Da, wo bei uns auf Backbord eine Wand steht, gibt es hier auf Steuerbord eine Tür mit einem großen Glasbullauge, durch das eben ein Steward neugierig zu uns herüber linst.
Und ein Schild, das Unbefugten das Betreten des Personalbereichs durch Unbefugte strikt untersagt.
Direkt unter einem großen, grünen, beleuchteten Schild mit der Aufschrift „Exit".
„Da", erläutere ich meiner Frau, „da ist der Ausgang. Dort geht ´ s im Notfall entlang."
Sie nickt und runzelt gleichzeitig die Stirn.
„Glaubst du, unser Plan ist der einzige, der falsch ist? Sollten wir das nicht an der Rezeption melden?"
Ich überdenke die Frage.
Nein, unser Plan ist sicherlich nicht der einzige Fehldruck. Sicherlich sind alle Pläne auf der Backbordseite von ganz vorne bis hinten zum ersten Treppenhaus betroffen. Vielleicht sogar die Kabinen auf den Decks über uns.
Aber melden?
„Nein, ich glaube nicht, dass das Sinn hat", antworte ich schließlich.
Dann zwinkere ihr verschwörerisch zu: „Außerdem ist es doch in unserem Interesse, wenn die anderen nicht wissen, wo ´ s lang geht. Erhöht unsere Überlebenschancen···"

Kaviar-Brunch

Meine Frau und ich betreten den großen Speisesaal unseres Schiffes. Es ist später Vormittag. Da wir uns mitten auf dem Atlantik befinden und heute auch keinen Hafen anlaufen werden, haben wir lange geschlafen.
Zu lange, um noch ein Frühstück zu bekommen.
Macht aber überhaupt nichts.
Heute hat nämlich die Schiffsführung als besonderes Highlight extra für Gäste wie uns einen „Kaviar-Brunch" angekündigt.

Ein Brunch ist ein englischer Kunstbegriff, gebildet aus den Wörtern „Breakfast" und „Lunch". Also nichts anderes als eine Mischung aus Frühstück und Mittagessen und damit eine äußerst angenehme Sache, wenn man lange geschlagen hat.
Zumindest nach meiner Meinung.
Man bekommt die Speisen, die zum Frühstück üblich sind, aber auch warme Gerichte wie beim Mittagessen. Und heute hat natürlich schon der Name der Veranstaltung bereits vermuten lassen, dass man auch eine besondere Delikatesse bietet.

„Ach, ich weiß nicht", hatte meine Frau gestern Abend noch gesagt. „Ich mag Kaviar nicht besonders."
Ich eigentlich auch nicht, zugegeben.
„Man wird schon noch etwas anderes servieren", antwortete ich, und so beschlossen wir, die Veranstaltung zu besuchen.

Jetzt sehen wir uns im Speisesaal um.
Prachtvoll, kann man nur sagen.
Der Speisesaal ist ja ohnehin ein schöner Raum, aber das jetzt an der Stirnseite aufgebaute Büffet sucht wirklich seinesgleichen. Es gibt Eisskulpturen, die nicht nur schön aussehen, sondern raffiniert geschnitzt, auch gleichzeitig als Kühlbehälter für große Königsgarnelen dienen. Prachtvolle Platten präsentieren verführerisch verschiedene Fleisch- und Käsesorten, und dazwischen steht ein riesiger

Serano-Schinken in einem Gestell, flankiert von einem Koch, dessen einzige Aufgabe darin besteht, auf Wunsch hauchdünne Scheiben des edlen Schinkens abzusäbeln. Der Geruch nach frischen Brötchen und verschiedenen Brotsorten weht durch den Saal.
In der Mitte dieses kulinarischen Kunstwerks steht eine Eisskulptur, die die anderen überragt, tatsächlich eine große, mehrere Kilo schwere Dose hält und gleichzeitig kühlt.
Eine Dose mit···
„Du, das ist tatsächlich echter, russischer Beluga-Kaviar!", ruft meine Frau überrascht. „Nicht das übliche Zeug, das man sonst serviert. Ich glaube, den muss ich doch probieren."
Ich wiege den Kopf. Wie schon gesagt, wir mögen beide Kaviar nicht so recht, aber ein bisschen kosten...
„Na, gut", antworte ich schließlich, „wir teilen uns eine Portion. Einfach als Versuch."

Einige Minuten später sitzen wir an einem der schön eingedeckten Tische. Zwischen uns steht ein Teller mit kleinen Portionen von Sauerrahm und Zwiebeln und einigen frischen Blinis, zwischen denen ein kleines Schälchen eingebettet ist, in dem der kostbare Kaviar schwarz-grau schimmert. Meine Frau ergreift den Perlmuttlöffel, den man uns stilecht dazu mitgegeben hat, häuft einen Klacks der winzigen Fischeier auf einen der Kräcker, garniert das Ganze mit Sauerrahm – und reicht ihn mir.
„Ich dachte, du wolltest probieren?", frage ich überrascht.
„Na, du doch auch", erhalte ich prompt zur Antwort, womit sie natürlich wieder einmal recht hat.
Also nehme ich den Kräcker und schiebe ihn mir in den Mund, horche misstrauisch auf den Geschmack.
Hm.
Ahhhh...
Toll.
Der Beluga-Kaviar hat überhaupt nichts mit dem zu tun, was uns bisher als Kaviar serviert wurde. Er schmeckt nicht tranig, nicht nach Fisch, sondern zart, aromatisch, salzig.
„So schmeckt das Meer!", geht es mir durch den Kopf.

Auch meine Frau hat inzwischen gekostet und guckt mich groß an.
„Also, eigentlich mag ich Kaviar nicht“, sagt sie mir nachdenklich, „aber der hier schmeckt köstlich. Einfach köstlich. Ein perfektes Geschmackserlebnis. Ich glaube, ich hole mir nachher noch eine zweite Portion.“
Werde ich auch.
Und vielleicht noch eine dritte···
Wirklich eine ganz neue Erfahrung.
Aber perfekt?
Ich schüttle den Kopf.
„Nein, da fehlt noch was!“, sage ich sachlich zu meiner Frau.
Sie hält, ein Blini in der Hand, kurz inne.
„Und was?“, will sie wissen.
„Du wirst schon sehen!“, erwidere ich, winke einen Steward heran und bitte ihn, den Sommelier zu uns zu schicken.
Zu solch einer Delikatesse gehört natürlich auch ein passendes Getränk als Begleitung. Und ich denke, dass man hier an Bord keine Probleme haben wird, uns zwei Gläser eines guten, französischen Champagners zu servieren...

Kommando bestens!

Es ist früher Nachmittag. Meine Frau und ich halten uns in unserer Kabine auf. Sie sitzt am Fenster und liest, und ich, ja, ich liege im Bett. Es ist der zweite Tag unserer Kreuzfahrt, und zum ersten Mal auf all unseren Reisen hat mich tatsächlich die Seekrankheit erwischt. Zwar nicht schwer, nicht mit Erbrechen oder gar Todeswunsch, nein, das glücklicherweise nicht. Nur Kopfschmerzen, Schwindel und Appetitlosigkeit. Keine wirklich ernste Sache, eigentlich nur die ersten Vorboten. Aber immerhin. Wo ich doch bisher immer dachte, ich sei gegen so etwas immun···

Gestern gerieten wir nämlich gleich nach dem Verlassen des Hafens sofort in schwere See, die das Schiff heftig stampfen ließ, und ich hatte diesmal keinerlei Gelegenheit, mich langsam daran zu gewöhnen. Und heute Vormittag musste ich mir selbst die Wahrheit eingestehen: seekrank. Also holte ich die dafür vorgesehenen Tabletten aus unserer Reiseapotheke und nahm eine. Nicht ohne vorher vorsichtshalber auf das Verfallsdatum zu gucken, übrigens. Schließlich schleppen wir die Dinger schon seit Ewigkeiten mit uns herum, ohne sie zu benötigen.
Die Tablette half zwar praktisch sofort, entfaltete aber auch eine Nebenwirkung: Ich wurde müde. Macht aber nichts, schließlich ist heute Seetag, und das Bett ist ja auch tagsüber bequem. Halte ich eben ein kleines Mittagsschläfchen···

Eine besonders schwere See erfasst unser Schiff und lässt den Bug tief, tief in ein Wellental eintauchen. Ein schwerer, dumpfer Schlag lässt mich unversehens aus dem Schlummer auffahren.
„Was war das denn?", frage ich verschlafen meine Frau.
Die zuckt die Schultern: „Weiß ich auch nicht. Klingt, als sei bei der letzten Welle irgendwo ein Möbelstück umgefallen."
Dann widmet sie sich wieder ihrer Lektüre, und mir fallen langsam wieder die Augen zu.

Aber nur so lange, bis mich eine menschliche Stimme wieder aus dem Halbschlaf aufschreckt. Eine Stimme, die um Hilfe ruft.
„Help, help!", erklingt es leise. Woher der Ruf kommt, kann ich nicht richtig erkennen. Vielleicht aus der Kabine neben unserer?
„Mein Gott!", fauche ich ungehalten. „Können die Nachbarn ihren Fernseher nicht ein wenig leiser drehen?"
„Ich glaube nicht, dass das ein Fernseher war", erwidert meine Frau und legt ihr Buch zur Seite. Sie wirkt plötzlich sehr alarmiert.
„Da ruft wirklich jemand!"
Jetzt bin ich plötzlich wach, ganz wach, und horche. Und tatsächlich: Das Rufen klingt irgendwie nicht nach Krimi.
„Kommt das aus der Nachbarkabine?", frage ich, mehr mich selbst als meine Frau, aber sie nickt.
„Scheint so. Ob da was passiert ist?"
Ich erhebe mich seufzend und ziehe meinen Bademantel über meinen Schlafanzug. Ja, ich weiß, es ist schon Nachmittag, aber immerhin habe ich ja den größten Teil des Tags im Bett verbracht. Ich öffne die Kabinentür, spähe den langen Kabinengang hinauf und hinunter, kann aber nichts Ungewöhnliches ausmachen. Der Gang ist leer, abgesehen von einem Steward, der im Takt der Schiffsbewegungen leicht schwankend ein Tablett mit Tellern und Gläsern in meine Richtung den Gang entlang balanciert. Vermutlich ein Mitarbeiter des Kabinenservice.
Das Rufen ertönt erneut, und diesmal bin ich mir ganz sicher. Das kommt wirklich aus unserer Kabine neben uns.
Ich halte den Steward an: „Hallo, Sie da, warten Sie mal. Haben Sie einen Generalschlüssel für die Kabinen?"
Er schaut mich zweifelnd und überrascht an und nickt dann misstrauisch.
„In dieser Kabine ruft jemand um Hilfe", informiere ich ihn und weise auf die Tür neben unserer. „Öffnen Sie die Tür, bitte."
Der Steward wirkt entsetzt.
„Nein, das darf ich nicht!", stammelt er. „Das darf ich unter…"
„Unsinn!", unterbreche ich ihn barsch und hebe die Stimme leicht. Sie klingt jetzt zu meiner eigenen Überraschung sehr kalt und sehr bestimmt.

„Sie öffnen jetzt diese Tür. Auf der Stelle. Das ist ein Befehl!"
Noch in dem Augenblick, in dem ich Worte ausspreche, wird mir klar, wie unsäglich albern ich mich anhöre. Ich habe dem Steward natürlich gar nichts zu befehlen, und ich bin mir sicher, dass er das auch weiß. Ich bereite mich auf eine entsprechende Abfuhr vor, aber··· nach einem prüfenden Blick auf meine hochgezogenen Brauen stellt er tatsächlich sein Tablett auf dem Boden ab, zieht seine Schlüsselkarte hervor und sperrt die Tür zur Nachbarkabine auf.
Ich schiebe die Tür auf, und wir spähen beide kurz ins Innere. Eine normale Kabine, wie unsere eigene. Aber vor dem Bett, an der Wand zu unserer Kabine, da liegt die Bewohnerin dieser Kabine. Eine alte Dame, sicherlich schon in den Achtzigern. Die Quelle der Hilferufe. Dacht ´ ich mir ´ s doch···
Der Steward stolpert aufgeregt zu ihr hin, will ihr aufhelfen, zieht dann aber entsetzt seine Hand von ihrem Arm zurück. Blut tropft herunter.
„Um Gottes Willen, um Gottes Willen, was sollen wir jetzt tun?", jammert er.
Ich schiebe ihn kurzerhand beiseite, spreche die alte Dame beklommen an und stelle zu meiner Erleichterung fest, dass sie nicht bewusstlos ist.
„Nein, mein Arm tut nicht weh", erklärt sie mir vom Boden aus mit etwas zittriger Stimme, „und mein Kopf nur ein wenig. Aber meine Hüfte! Und ich spüre mein Bein nicht mehr!"
Ach herrje, das klingt nicht gut.
Ich sehe schnell nach der Blutung, finde aber nur eine kleine Schramme am Kopf, aus der ein dünnes Rinnsal Blut sickert. Ich sehe mich kurz um, nehme dem überraschten Steward die Damast-Servierte aus der Hand, an der er sich die ganze Zeit festhielt, und presse sie auf die Wunde. Reicht, für ´ s Erste.
Der Steward umklammert mittlerweile die Unterschenkel der alten Dame.
„Und was haben Sie da vor?", erkundige ich mich, etwas ungehalten.
„Äh – sie auf ´ s Bett heben?", erklärt er mir unsicher.

„Sind Sie verrückt?", fahre ich erschrocken hoch. „Nein, wir bewegen sie nicht. Keinesfalls, bevor ein Arzt da ist. Nehmen Sie ein paar Kissen und versuchen Sie, es ihr so bequem wie möglich zu machen!", weise ich ihn an, während ich mich aufrichte und zum Telefon auf dem Nachttisch neben dem Bette greife, um Hilfe anzufordern. Es dauert lange, lange Sekunden, bevor sich die Gästebetreuung meldet und ich der Mitarbeiterin dort mein Anliegen erklären kann.
„Ja, ich schicke die Ärztin", erklärt mit die Mitarbeiterin der Zahlmeisterei, nicht im Geringsten alarmiert, beinahe schon gelangweilt. „Wird aber etwas dauern, die ist irgendwo im Schiff unterwegs. Sie glauben ja gar, wie viele Leute heute stürzen."

Meine Frau steckt den Kopf zur Tür herein. Sie erfasst die Bescherung mit einem Blick und wird blass.
„Ach Gott! Kann ich dir helfen?", will sie bestürzt wissen.
„Ja!", antworte ich ihr kurz angebunden. „Indem du hier nicht im Weg herum stehst. Bleib im Gang und halte Ausschau nach der Ärztin!"
Die alte Dame am Boden, mittlerweile vom Steward mit zwei Kissen vom Bett gut gestützt und gepolstert, regt sich unruhig, versucht, ihr Bein zu bewegen, und stöhnt dann vor Schmerzen.
„Meine Tochter!", bringt sie heraus. „Und mein Schwiegersohn. Die wohnen in der Nachbarkabine!"
„Ach, und schau mal, ob die beiden zu Hause sind!", weise ich meine Frau noch an, und sie nickt und zieht den Kopf aus der Tür zurück.
„Äh – brauchen Sie mich hier noch?", will der Steward schüchtern wissen, und ich schüttle den Kopf. Ich habe, so scheint mir, die Lage im Augenblick doch ganz gut im Griff und sehe keinen Grund, ihn von der Arbeit abzuhalten. Er verzieht sich auffällig schnell und mit einem sichtlichen Aufatmen. Ich lasse mich auf der Bettkante nieder und plaudere, so gut es unter den Umständen möglich ist, mit der alten Dame, um sicherzugehen, dass sie nicht doch noch das Bewusstsein verliert.

Schließlich, etliche Minuten später, höre ich meine Frau aus dem Flur aufgeregt „Hier, hierher!" rufen, und die Schiffsärztin betritt in

Begleitung zweier Sanitäter mit einer Trage die Kabine. Sie beachtet mich nicht, sondern tastet schnell und effizient die am Boden liegende alte Dame ab und zieht dann ein unzufriedenes Gesicht.
„Sieht nach einer gebrochenen Hüfte aus!“, sagt sie und nimmt mich zum ersten Mal zur Kenntnis. „Kann ich aber erst genau sagen, wenn sie geröntgt worden ist. Sie sind der Sohn?“
Ich schüttle den Kopf: „Nein, nur der Kabinennachbar. Ich gehe davon aus, dass ich hier nicht mehr benötigt werde?“
Sie nickt, und ich wünsche der alten Dame schnell noch gute Besserung, verlasse die Kabine, sammle meine Frau im Flur auf, wo sie gerade der vom Lunch zurückkehrenden Tochter der alten Dame erklärte, was vorfiel, und wir ziehen uns in unsere eigene Unterkunft zurück.

Aufatmend lasse ich mich auf mein Bett sinken, stelle aber fest, dass ich nicht mehr müde und auch nicht mehr seekrank bin. Eigentlich könnte ich jetzt sogar einen Happen essen. Ein wenig Aufregung ist wohl das beste Mittel gegen Kinetose, so scheint mir. Ob ich mir vielleicht eine Kleinigkeit beim Kabinenservice bestelle?
Ich wende mich mit dieser Frage an meine Frau, aber die Worte ersterben mir auf den Lippen. Sie steht nämlich mit finsterem Gesicht vor mir, die Hände in die Hüften gestemmt.
„Kommando bestens!“, faucht sie und hält mir einen Zeigefinger unter die Nase. Diese Worte gebraucht sie immer, wenn sie den Eindruck hat, ich würde sie herum kommandieren. Was, wie sie meint, eine meiner größten Begabungen ist. Und diesmal hat sie tatsächlich recht, so erkenne nach kurzer Betrachtung des kleinen Zwischenfalls. Ich hatte das Kommando. Dann zucke ich die Schultern. Irgendjemand musste das in dieser Situation ja auch wohl.
Dann entspannt sich ihr Gesichtsausdruck.
„Dieses eine Mal lasse ich dir das durchgehen. Aber lass ´ es dir ja nicht zur Gewohnheit werden!“
„Nein, nein!“, beruhige ich sie und kann mir ein Lächeln nicht verkneifen. „Mach dir da mal keine Sorgen. Das ist nur für Hüftbrüche auf hoher See reserviert!“

Trinkgeld

„Sagen Sie, wie halten Sie es denn mit dem Trinkgeld?"
Diese Frage ihrer Tischnachbarin trifft meine Frau sichtlich unvorbereitet. Wir sitzen im großen Speisesaal unseres Schiffes beim Dinner. Das Wort „groß" ist hier wörtlich zu nehmen: Der Saal erstreckt sich über drei Decks und prunkt unter anderem mit einem Lüster, um den selbst Ludwig XIV. die Reederei beneidet hätte. Genau der richtige Rahmen für das hervorragende Mahl, das man uns hier die gut geschulten Kellner formvollendet servieren.
Wir sitzen zusammen mit zwei allein reisenden Herren aus dem Münchner Raum und einem älteren Ehepaar aus dem Saarland an einem Tisch. Zwar reisen wir auf einem amerikanischen Schiff mit internationalem Publikum, aber man hat bei der Vergabe der Plätze gut darauf geachtet, die Nationalitäten so weit wie möglich zusammen an den gleichen Tischen zu platzieren.

„Mit dem Trinkgeld?", fragt meine Frau zweifelnd.
Ich sehe, wie sie angestrengt überlegt, wie sie das Thema am besten schnell und zügig wieder verlassen kann. Beim Small-Talk gibt es ja bekanntlich drei Dinge, über die man besser nicht sprechen sollte: nämlich über Politik, über Religion und··· über Geld.
Am wenigsten über Geld.
„Über Geld schwätzt mer nit, Geld hat mer!", hat mir mal ein Bekannter aus Schwaben in seinem unnachahmlichen Akzent erklärt. Und gerade ein Schwabe sollte es eigentlich wissen···
Die Frage nach dem Trinkgeld stellt zudem das Thema Geld in stark verschärfter Form dar. Über nichts kann man schneller und schärfer streiten als über die Frage, was einem Kellner oder Kabinensteward zusteht.
Ein echtes Minenfeld, wenn man so will.

Die Dame neben meiner Frau nickt, im Gleichtakt mit ihrem Ehemann einen Platz weiter.
„Ja, das Trinkgeld! Wie handhaben Sie das denn?"

„Da gibt ´ s doch nicht so viel zu handhaben“, meint meine Frau schließlich unbehaglich. „Wir werden es morgen, am letzten Abend unseren Stewards überreichen. So wie hier an Bord üblich.“

Unsere Reederei gehört nämlich zu den letzten, wo dieses Verfahren noch auf diese traditionelle Art durchgeführt wird. Bei der Konkurrenz wird das Trinkgeld schon längst automatisch und nicht selten sogar zwangsweise dem Bordkonto und damit der Kreditkarte belastet.
Was ich übrigens ein bisschen schade finde. Ich übergebe meinen Obolus nämlich lieber persönlich, immerhin habe ich ja auch persönlich die guten Serviceleistungen erhalten. Schön, dass es dieses traditionelle Verfahren hier noch gibt···

„Den vollen Betrag?“, unterbricht die Sitznachbarin meiner Frau meinen Gedankengang. „Die ganzen 12 $ pro Person und Tag, die die Reederei empfiehlt?“
Sie klingt überrascht.
„Na ja“, meine Frau rutscht unangenehm berührt auf ihrem Stuhl ein wenig hin und her, „meistens geben wir ja ein bisschen mehr. Immerhin ist der Service hier an Bord ja wirklich großartig.“
Sie nickt in Richtung des Bus-Boys, der gerade entdeckt hat, dass ihr Weinglas leer ist und sofort unaufgefordert die Flasche aus dem Kühler zieht, um nachzuschenken.
„MEHR?“
Unsere Tischnachbarin klingt jetzt nicht mehr überrascht, sondern gleichzeitig ungläubig und vor allem geradezu verärgert. Schwer verärgert.
„Na, das fiele mir gerade noch ein! Wir haben doch schon für die Reise bezahlt, und da ist der Service doch inbegriffen. Und so gut ist der Service nun wirklich nicht. Die sprechen ja nicht mal richtig Deutsch!“

Sie bezieht sich mit ihrer Kritik auf den vorherigen Abend, als sie zwei Desserts bestellte und dann davon nichts mehr wissen wollte, als die Desserts dann tatsächlich beide serviert wurden.

Und zu allem Überfluss konnte der Steward ihr anhand des Bestellzettels auch noch nachzuweisen, dass sie im Unrecht war. Ein schwerer Fehler des jungen Manns. Um nicht zu sagen: ein unverzeihlicher Fehler. Recht zu behalten macht einem keine Freunde···

Ich schüttle begütigend den Kopf.
„Ist für deutsche Gewohnheiten manchmal etwas schwer zu verstehen", erkläre ich diplomatisch. „Aber hier, auf einem amerikanischen Schiff ist das Trinkgeld nicht als zusätzliche Aufmerksamkeit zu verstehen, sondern einfach das Einkommen der Servicekräfte. Wenn man nichts gibt, verdienen sie nichts."
„Es ist trotzdem eine Unverschämtheit!", erwidert mir meine Tischnachbarin aufgebracht. „Da müssen wir so viel Geld für die Reise bezahlen und werden dann auch noch abgezockt. Das können wir uns als arme Rentner doch gar nicht leisten!"
Meine Frau schnaubt pikiert durch die Nase und nickt dem Bus-Boy dankend zu, der die Weinflasche eben wieder im Kühler verstaut.
„Na ja, dann sollte man sich halt vorher gut überlegen, ob man sich als armer Rentner überhaupt eine Kreuzfahrt leisten kann", erklärt sie schließlich ebenso spitz wie brutal und verschlägt unserer Tischnachbarin damit sichtlich die Sprache.
Womit das Thema beendet ist.
Gott sei Dank.

Am letzten Abend übergeben wir, wie versprochen und gewohnt, nach dem letzten Dinner an Bord die Umschläge mit dem Trinkgeld an unsere Kellner.
Wir bedeutet: die beiden allein reisenden Herren, meine Frau und ich. Die beiden Saarländer haben sich heute Abend nicht mehr blicken lassen.
„Solche Knauserer!", schimpft meine Frau, als wir, gut verpflegt und satt, den feudalen Speisesaal verlassen. „Gehen am letzten Abend extra ans Büffet, nur, um sich ums Trinkgeld zu drücken!"
Ich nicke.

„Ich sage es ungern“, stimme ich ihr zu, „aber nach diesem Erlebnis hoffe ich, dass die Gesellschaft auch möglichst bald auf Zwangsabbuchung umstellt!“

Kabinensteward

Meine Frau und ich sitzen auf dem Balkon unserer Kabine. Heute ist ein Seetag, und so nutzen wir die Ruhe, um uns mit Blick auf die blaue, ruhige See zu entspannen und den Möwen zuzusehen, die dort draußen Jagd auf die fliegenden Fische machen, die unser Schiff mit seiner Fahrt aufgeschreckt hat. Das heißt: Wir wollen zusehen. Dass das nur teilweise geht, liegt vor allem an der Natur – und an den Versäumnissen unseres Stewards.

Die Natur trägt nämlich ihren Teil zu unserem Problem bei, indem sie unser Schiff immer wieder mal mit salziger Gischt überschüttet, wenn der Bug tief in die Wogen eintaucht und das Seewasser empor schleudert.
Gischt, die sich auch an den beiden großen, dicken Glasscheiben niederschlägt, aus denen die Brüstung unseres Balkons besteht.
Gischt, die in der Wärme der Karibik schnell verdunstet – und dabei dicke Salzkrusten auf den Scheiben zurück lässt.
Unser Steward wiederum leistet seinen Teil, indem er die verkrusteten Scheiben des Balkons nicht putzt. Zwar gehört das eigentlich zu seinen Aufgaben. Aber bei unserem speziellen Steward handelt es sich um einen zwar freundlichen, stets lächelnden, sympathischen jungen Mann, der aber leider, leider mit seinem Job heillos überfordert ist und schon alle Hände voll damit zu tun hat, auch nur die wichtigsten Arbeiten zu erledigen. Und die Reinigung der Balkonbrüstung ist, das räumen wir gerne ein, nun eben nicht so wichtig wie zum Beispiel die Reinigung der Toilette oder des Bades. Auch wenn wir mittlerweile in den Häfen den Bereich des Schiffes, in dem wir wohnen, schon von weitem identifizieren können, da sich die schmutzigen Balkonscheiben unserer und einiger benachbarter Kabinen richtig unangenehm deutlich von ihrer blitzenden, sauberen Umgebung abheben.
Und dieses Zusammenspiel von Naturgewalten und mangelhafter Reinigung führt dazu, dass wir nur das richtig beobachten können,

was sich oberhalb der Brüstung abspielt. Unterhalb gucken wir nämlich gewissermaßen durch Milchglas···

Ich seufze für mich und will eben mein Buch aufschlagen, als meine Frau – kühl und sachlich – plötzlich eine Feststellung trifft.
„Jetzt reicht ´ s!", informiert sie mich. „So kann das nicht weitergehen. Ich will sehen, was draußen vor sich geht. Das nehmen wir jetzt selbst in die Hand!"
Ich erschrecke. Das Pronomen „wir" wird nämlich durch meine Frau durchaus in sehr verschiedene Funktionen benutzt. Manchmal bedeutet es „ich", wogegen ich normalerweise keine Einwände erhebe. Manchmal bedeutet es aber auch „du", was mir meist nicht so Recht ist···
Richtig. Mist.
„Hol doch mal zwei Handtücher aus dem Bad", weist sie mich an. „Ein trockenes, und eines machst du schön nass!"
„Sollten nicht wir die Handtücher···", setze ich an, sehe aber, wie sich die Miene meiner Frau verfinstert. Schon gut, schon gut. Schicksalsergeben lege ich mein Buch zur Seite, erhebe mich und hole die beiden Handtücher. Eines trocken, eines nass. Wie gewünscht.
„So, und nun reib doch einfach die Scheiben mit dem nassen Handtuch ab", instruiert mich meine Frau, als ich auf den Balkon zurückkehre. „Erst mal von innen."
„Von innen?", frage ich überrascht. „Aber der Dreck sitzt doch außen?"
„Erst von innen", erhalte ich die fachmännisch-sichere Auskunft. „Zu außen kommen wir noch."
Ach herrje···
Einige Minuten später habe ich die beiden Scheiben von innen zuerst nass abgewischt und dann trocken nachgerieben, und ich muss insgeheim meiner Frau wieder mal Recht geben: Doch, auch die Innenseite war ziemlich dreckig, wie ein Blick auf die Handtücher beweist. Wie die wohl die Bordwäscherei wieder sauber kriegen will? Ich zucke die Achseln. Egal. Nicht mein Problem.
„So, und nun machst du das eine Handtuch noch mal nass", weist mich meine Frau, bequem in ihrem Stuhl sitzend, an, „und dann

kommt die Außenseite dran. Und dann sehen wir endlich wieder mal was!"
„Ja, aber", wende ich ein, „wie sollen wir denn an die Außenseite kommen? Weißt du, die heißt Außenseite, weil sie außen ist und nicht innen im Schiff…"
„Oh, stell dich nicht so an", unterbricht mich meine Frau schroff, „dann beug dich halt über die Reling. Du hast doch sowieso lange Arme! Sooooo schnell gehen wir nun wirklich nicht über Bord!"

Die Reinigung der Außenseite unserer Balkonscheiben erweist sich tatsächlich als möglich, aber auch als ziemlich anstrengend. Vornüber gebeugt da zu stehen und mit nach unten ausgestreckten Armen eine Glasscheibe zu polieren erfordert schon ziemlich Kraft, und das Ganze unter der warmen Karibiksonne zu betreiben, das kann man nur noch als schweißtreibend bezeichnen.
Ich arbeite mich langsam von links nach rechts bis zur Sichtblende vor, die unseren Balkon von dem der Nachbarkabine trennt, werfe dabei einen kurzen Blick nach rechts – und sehe auf einmal in zwei braune Augen, die vor Überraschung völlig rund wirken. In der Nachbarkabine ist offenbar die dort zuständige Kabinenstewardess, eine kleine Philippinin, genau mit dem beschäftigt, was unser Steward nicht schafft und was ich deswegen in unserer Kabine erledigen muss: nämlich mit der Reinigung der Balkonbrüstung. Sie ist zwar besser ausgerüstet als ich: Ich sehe auf einen Blick einen kleinen Eimer, offenbar mit Seifenwasser gefüllt, einige Putzlappen und auch einen langstieligen Abzieher, mit dem sie vermutlich auch die Ecken und Kanten erreicht, die mir unzugänglich bleiben. Trotzdem hat die Stewardess die gleiche Haltung eingenommen wie ich: Sie hängt mit dem Kopf nach unten über der Balkonbrüstung.
Ich nicke ihr freundlich zu, wende dann aber meinen Blick meiner Arbeit wieder zu, denn eben hat mich meine Frau informiert, dass wir einen Fleck übersehen hätten. Wahrscheinlich hat sie Recht, aber wo? Ah ja, dort vermutlich…

Als ich wieder einen Blick nach rechts werfe, hat sich die Stewardess nebenan aufgerichtet. Sie lehnt an der Brüstung, den Kopf nach vorne gestreckt, damit sie um die Sichtblende herum sehen kann.
„Sir!", spricht sie mich schließlich an. Sie klingt empört. Ich hätte nicht geglaubt, dass man so viel Missbilligung in einem so kurzen Wort unterbringen kann.
„SIR! Was machen Sie denn da!? Das hat doch Ihr Kabinensteward zu erledigen!"
Ich richte mich ächzend auf und lehne mich ebenfalls an die Brüstung.
„Wie Arbeitskollegen bei einem kurzen Plausch!", denke ich amüsiert, weise dann aber den Gedanken von mir. Er ist unangebracht. Ich bin schließlich gleich fertig und kann mich wieder in meinen Liegestuhl setzen, immer vorausgesetzt natürlich, meine Frau findet nicht noch eine weitere Aufgabe, die wir umgehend erledigen müssen. Die Philippinin hat dagegen noch schätzungsweise zehn weitere Balkone vor sich. Vom Rest ihrer Arbeiten mal ganz zu schweigen.
„Die Aufgabe des Stewards?", frage ich nachdenklich. „Ja, da haben Sie Recht. Und nun raten sie mal", ich zwinkere ihr zu und weise kurz auf meine Frau, die ob meiner ungeplanten und nicht genehmigten Arbeitsunterbrechung bereits unwillig die Stirn runzelt, „raten Sie doch mal, was ich hier darstelle."

Zügig und geordnet

Meine Frau und ich stehen am Morgen auf dem untersten Deck unseres Schiffes in der Schlange vor der Gangway. Wir haben heute in Civitavecchia angelegt, dem Kreuzfahrthafen vor den Toren Roms. Und da wir uns entschlossen haben, die ewige Stadt diesmal auf eigene Faust zu erkunden und mit einem der ersten Züge am Morgen dorthin fahren wollen, fanden wir uns schon kurz nach der Freigabe unseres Schiffes durch die italienischen Behörden an der Gangway ein, um von Bord zu gehen.
Ist ja schließlich ganz einfach: An der Gangwaypforte zeigt man seine Bordkarte beim Sicherheitsdienst vor, wird als abwesend registriert und schreitet die Stufen hinab auf den Kai. Haben wir schon buchstäblich bei Hunderten von Gelegenheiten gemacht. Verschwendet man keinen Gedanken mehr daran…

„Ihre Ausschiffungsbuchstabe, Senior?", fragt mich ein Sicherheitsmann, als wir den Checkpoint erreichen, und ich will ihm lässig meine Bordkarte vorlegen, bevor ich den Sinn seiner Frage begreife und mitten in der Bewegung innehalte.
Ausschiffungsbuchstabe?
Häh?
Was ist denn das?
„Haben wir nicht", muss ich kleinlaut gestehen. „Wofür ist der denn gut?"
„Wenn Sie nicht an einem organisierten Landausflug teilnehmen, dürfen Sie ohne Ausschiffungsbuchstaben nicht von Bord!", belehrt mich der Sicherheitsmann streng und weist autoritär zurück ins Schiff, dorthin, wo wir gerade herkamen. „Das ist notwendig, um eine zügige und geordnete Ausschiffung zu gewährleisten."
Ich seufze.
„Und wo kriegen wir einen Ausschiffungsbuchstaben her?", frage ich schicksalsergeben.

„In der Diskothek. Stand übrigens im Tagesprogramm", erwidert der Sicherheitsmann kurz angebunden, denn hinter uns stauen sich bereits die Landgänger.

Ich seufze nochmals, und wir wenden uns zurück zum Schiffsinneren.

Ach so, im Tagesprogramm?

Nun, das wage ich nicht in Abrede zu stellen. Mit Sicherheit stand es in der spanischen Fassung, denn wir fahren auf einem spanischen Schiff. Aber die deutsche Übersetzung des spanischen Tagesprogramms, die die Reederei uns zur Verfügung stellt, ist halt··· nun sagen wir··· nicht immer ganz zuverlässig.

„Wo um alles in der Welt ist denn die Diskothek?", will meine Frau von mir wissen, und ich studiere im Vorraum vor den Aufzügen den Schiffsplan.

„Auf Deck 8, ganz achtern", erwidere ich nach einigen Sekunden, und diesmal seufzt meine Frau, während sie auf den Rufknopf für einen der Aufzüge drückt.

Auf Deck 8 verlassen wir den Aufzug und wenden uns in Richtung der Diskothek. Da sich zwischen der Diskothek und dem Aufzug ein Kabinenbereich befindet, ist sie am schnellsten durch einen der beiden Kabinengänge zu erreichen, und ich wende mich, ohne groß nachzudenken, dem nächstgelegenen zu.

„Halt, halt!", ertönt auf einmal eine aufgeregte Stimme. „Dort dürfen Sie nicht entlang!"

Ich bleibe überrascht stehen und drehe mich dem Steward zu, der uns aufgeregt nacheilt. Eine schreckliche Gewissheit befällt mich.

„Lassen Sie mich raten!", antworte ich. „Um in der Diskothek einen Ausschiffungsbuchstaben zu erhalten, benötige ich zuerst eine Diskothekeneintrittslizenz, die ich sicherlich unten auf Deck 1 an der Gangway bekomme, nicht wahr?"

Der Steward schüttelt verwirrt den Kopf.

„Was? Nein, nein. Aber das hier ist der Steuerbordgang. Der Steuerbordgang!"

Ich schaue mit kurz um. Ja, zweifelsfrei, der Steward hat Recht. Ein bisschen irritierend für mich, bleibt das Recht haben doch eigentlich

meiner Frau vorbehalten. Wir wollten tatsächlich den in Fahrtrichtung des Schiffes gesehen rechten der beiden Gänge betreten. Der, ganz nebenbei bemerkt, dem Gang auf der Backbordseite gleicht wie ein Ei dem anderen, nur spiegelverkehrt. Und warum man den Steuerbordgang nicht benutzen darf, bleibt mir ein Rätsel.
Ein Rätsel, das aufzulösen sich der Steward umgehend an die Arbeit macht. Um eine zügige und geordnete Ausschiffung zu gewährleisten, so erklärt er uns ausführlich, darf man die Diskothek nur durch den Backbordgang betreten. Der Steuerbordgang ist denen vorbehalten, die mit ihrem Ausschiffungsbuchstaben bewaffnet die Diskothek wieder verlassen und zur Gangway gehen.
Ein Einbahngangsystem, wenn man so will.
„Sehr pfiffig", kommentiere ich. „Damit vermeidet man todsicher, dass die Gäste, die am Morgen später von Bord gehen, mit denen zusammenstoßen, die am Abend etwas früher zum Tanzen kommen."
Meine Frau verpasst mir einen Stoß in die Rippen.
„Stell dich nicht so an!", zischt sie. „Dann nehmen wir halt den Backbordgang, ist doch egal. Schließlich wollen wir unseren Zug noch bekommen!"
Ich gucke kurz auf die Uhr. Werden wir nicht schaffen, fürchte ich…

Am Backbordeingang zur Diskothek reicht ein dort stationierter Steward jedem von uns ein Kunststoff eingeschweißtes Kärtchen, das in meinem Fall den großen, lateinischen Buchstaben H trägt. Genauso wie das Kärtchen meiner Frau.
„So, und damit dürfen wir…", setze ich an, als mich der Steward freundlich, aber bestimmt unterbricht.
„Bitte nehmen Sie noch etwas Platz!", fordert er uns auf. „Um eine zügige und geordnete Ausschiffung zu gewährleisten, müssen Sie leider noch einen Augenblick warten, bis ihr Buchstabe aufgerufen wird."
„Und unser Zug?", jammert meine Frau.
Ich winke ab: „Fährt vor fünf Minuten. Noch jede Menge Zeit also."

Zeit, die wir auch benötigen, wie wir sehr schnell mitbekommen, als in der Diskothek der Buchstabe C aufgerufen wird. Das wird sich ziehen, das merke ich schon.
„Auch ein Weg, den Verkauf der teuren, an Bord angebotenen Exkursionen zu unterstützen!", sinniere ich müßig.
Schließlich aber, nach einer gefühlten Ewigkeit erfolgt tatsächlich der ersehnte Aufruf: Der Ausschiffungsbuchstabe H darf von Bord. Hurra!
Zusammen mit rund dreißig anderen Gästen finden wir uns weisungsgemäß – immerhin wollen auch wir unser Bestes geben, um eine zügige und geordnete Ausschiffung zu unterstützen – am Steuerbordausgang der Diskothek ein, wo uns zunächst zwei Mitglieder der Gästebetreuung über das weitere Verfahren in Kenntnis setzen. Wir werden jetzt als geschlossene Gruppe, so erfahren wir, von den beiden Gästebetreuern durchs Schiff zur Gangwaypforte auf Deck 1 gebracht. Die Gruppe zu verlassen ist strengstens verboten, ebenso die Benutzung der Aufzüge.
Schließlich legt man größten Wert darauf, uns so zügig und geordnet wie möglich von Bord bringen, und da kann man sich einfach keine Passagiere leisten, die sich verlaufen und dann mit dem falschen Buchstaben durchs Schiff irren.

Schließlich, nach schier endlosen, langen Treppenfluchten, erreichen wir wieder Deck 1 – und reihen uns in die Schlange vor der Gangwayporte ein. So ziemlich genau an dem Punkt, an dem wir schon einmal standen. Der Sicherheitsbeamte nimmt uns unsere Kärtchen mit dem Buchstaben H ab und nickt dabei beifällig – „Bitte, geht doch!", sagt dieses Nicken – steckt unsere Bordkarten ins Lesegerät und wünscht uns einen schönen Tag in Rom. Wir steigen die Gangway hinunter und betreten den Kai.
Wir haben ´ s geschafft.
Ich kann ´ s eigentlich gar nicht glauben.
„Wie lange hat diese Prozedur jetzt gedauert?", erkundigt sich meine Frau müde.
„Nicht mal zwei Stunden", erwidere ich nach einem kurzen Blick auf meine Armbanduhr.

Meine Frau schüttelt den Kopf: „So was Absurdes und Umständliches habe ich noch nie erlebt. Unglaublich!".

Ich widerspreche ihr nicht; immerhin hat sie, wie schon erwähnt, ja immer Recht.

„Ja, aber dafür", erkläre ich ihr, während wir uns dem Ausgang des Hafengeländes zuwenden, „dafür hattest du ja auch noch nie einen Landgang, der so zügig und geordnet begann."

VUPs

Meine Frau und ich bummeln müßig durch unser Schiff. Es ist ein Seetag, und meine Frau hat entschieden, dass jetzt ein guter Zeitpunkt sei, doch mal zu erkunden, was die Bordshops so alles anbieten.

Schließlich bleiben wir – eigentlich war das auch absehbar – beim Bordjuwelier stehen. Wir werden morgen Cartagena in Kolumbien anlaufen, und da Kolumbien nicht nur für sein Kokain, sondern insbesondere für seine schönen Smaragde berühmt ist, schimmert hier in den Vitrinen alles in verschiedenen Grüntönen. Meine Frau entdeckt auch prompt einen Ring mit einem großen Smaragd, der, das muss ich zugeben, wirklich ein außergewöhnlich prachtvolles Stück ist. Der Geschäftsführer holt den Ring dienstbeflissen aus seiner Vitrine und steckt ihn meiner Frau an den Finger, wo er mit den Augen meiner besseren Hälfte um die Wette funkelt.

Ja, dieser Ring und dieser Stein seien schon etwas ganz Besonderes, so erfahren wir. Voller Stolz erklärt uns der Geschäftsführer ausführlich, dass dieser spezielle Smaragd so schön und so bedeutend sei, dass ihm die für einen Edelstein außerordentlich seltene Ehre zuteil geworden ist, sogar einen eigenen Namen zu besitzen. Anerkennend nicken wir mit den Köpfen.

Mit der Ehre eines eigenen Namens, so stellt sich allerdings schnell heraus, ist auch die Ehre eines Preisschildes untrennbar verbunden. Ein Preisschild, das fünf Stellen ausweist. Vor dem Komma. Mit hohen Ziffern.

Ich seufze.

Ja, ja, meine Frau hat einen erlesenen Geschmack. Erlesen und unerschwinglich. Der Ring wandert daher zurück in sein gläsernes Gefängnis, und das Funkeln in den Augen meiner Frau erlischt. Wir wenden uns anderen, geringfügig preisgünstigeren Schmuckstücken zu, als sich der Geschäftsführer noch mal an uns wendet: „Die Auswahl ist gegenwärtig etwas einschränkt“, bedauert er. „Aber morgen, in Cartagena, bekommen wir eine neue Lieferung. Die

stellen wir in drei Tagen, nach der Passage des Panamakanals, vor. Vielleicht wollen Sie ja auch kommen?"
„In drei Tagen?", frage ich, und der Geschäftsführer nickt.
Dann beugt er sich vertraulich vor.
„Also, genau genommen, gibt es bereits morgen Abend eine Präsentation. Aber nur für geladene Gäste. Für VIPs, wenn sie verstehen."
Er zögert kurz.
„Sie interessieren sich wirklich dafür, nicht wahr? Geben Sie mir doch bitte ihren Namen und ihre Kabinennummer, dann erhalten Sie von mir auch eine VIP-Einladung."
Ich zögere kurz, aber meine Frau nickt eifrig. Also gebe ich ihm die gewünschten Daten.
Als wir gehen, trägt das Gesicht meiner Frau den zufriedenen Ausdruck einer Katze, die eben die Sahne geklaut hat.
„Eine VIP-Einladung hatten wir auch noch nicht", meint sie. „Was heißt eigentlich VIP?"
„Very important person", erläutere ich, während in mir gewisse Zweifel nagen. Ich glaube, da muss ich mir doch noch über einen Plan B nachdenken. Ich werde ihn brauchen, fürchte ich. So oder so…
„Wichtige Persönlichkeiten? Na, passt doch!", beschließt meine Frau vorläufig das Thema.

Meine Zweifel erweisen sich als nicht ganz unberechtigt. Die versprochene VIP-Einladung kommt nämlich nicht an diesem Abend. Auch nicht am nächsten Morgen. Auch nicht nach dem Landausflug in Cartagena. Und als wir nach Dinner auf unsere Kabine zurückkehren, ist auch noch keine da.
Keine VIP-Einladung. Nicht für uns.
Wir setzen uns in die bequemen Stühle auf unserem Balkon und beobachten, wie die Lichter der kolumbianischen Küste in der einbrechenden Dunkelheit aufleuchten. Schließlich bricht meine Frau das Schweigen.
„Dieser Esel! Der hat uns glatt vergessen!", bricht es enttäuscht aus ihr hervor. „Dabei wäre ich so gerne…"

Ein Klopfen an der Kabinentür unterbricht sie. Ich erhebe mich, um zu öffnen. Ah, ja, auf die Sekunde, kommt der Kabinenservice, der meinen Plan B liefert.
„Was ist das?“, fragt meine Frau überrascht, als ich mit dem Eiskübel mit der Flasche Champagner und zwei Gläsern auf den Balkon zurückkehre.
„Ein Trostpflaster“, erkläre ich ihr und mache mich an die durchaus angenehme Aufgabe, den Champagner zu entkorken.
„Und was hättest du gemacht, wenn die Einladung gekommen wäre?“, will meine Frau wissen.
„Dann wäre es eine Ablenkung geworden“, rutscht es mir heraus, während der Korken leise ploppt.
„Nein, kein Esel“, nehme ich schnell den Faden unseres Gesprächs wieder auf, bevor meine Frau dazu kommt, nachzufragen, was ich damit gemeint habe, und fülle die Gläser. „Nur ein schlechter Geschäftsmann. Ein guter Geschäftsmann hält nämlich, was er verspricht.“
Ich reiche einer Frau ihr Glas. Sie wirkt immer noch entschieden unzufrieden.
„Sieh ´ s doch mal so“, erkläre ich ihr, „wären wir zu dieser Präsentation gegangen, dann stünden wir jetzt zwischen erlesenen Schmuckstücken…“
Meine Frau nickt wehmütig.
„… und wir würden mit einer Horde von erlesenen Verkäufern erlesene Verkaufsgespräche führen“, fahre ich fort, „die von erlesener Sinnlosigkeit wären, weil uns der notwendige, erlesene Kontostand fehlt.“
Ich erhebe ein Glas, um mit meiner Frau anzustoßen: „Auf uns VUPs!“
Meine Frau hält einen Augenblick lang inne.
„Was sind VUPs?“, will sie misstrauisch wissen.
Ich zwinkere ihr zu: „VUPs, das sind wir. Very unimportant persons...“

Zweifellos

Meine Frau und ich stehen am Gästeempfang unseres Schiffes. Es ist früher Vormittag. Wir haben vor kurzem in Bridgetown auf Barbados festgemacht. Unser Plan war eigentlich, zügig von Bord zu gehen und uns in den Trubel des bunten Karibikortes zu stürzen. Unter anderem natürlich auch, um ein Gläschen – oder vielleicht auch zwei oder drei – des weltberühmten Karibikrums zu kosten. Wobei letzteres natürlich in erster Linie mein Plan war...

Leider erwies sich dieser schöne, einfache Plan aber zunächst als nicht durchführbar. Wir durften nämlich nicht von Bord gehen. Die Gangway war zwar ausgefahren, die Pforte stand offen, das Verlassen des Schiffs wurde uns aber ärgerlicherweise untersagt.

Und jetzt wollen wir uns an der Gästebetreuung nach dem Grund erkundigen.

„Nun, das liegt daran, dass ein englischer Prinz heute auf Staatsbesuch nach Barbados kommt“, erläutert uns ein netter Gästebetreuer aus Indonesien freundlich, aber bestimmt.

Aha. Ein echter Prinz. So, so. Nett. Trotzdem···

„Das verstehe ich nicht“, muss ich schließlich, nach einigen Sekunden des Nachdenkens einräumen. „Was haben meine Frau und ich denn mit dem britischen Königshaus zu schaffen?“

Der Gästebetreuer wirkt etwas irritiert.

„Äh ja··· das Schiff des Prinzen liegt direkt hinter uns am Kai. Ein offizieller Staatsempfang wird dort in Kürze stattfinden. Das Betreten des Kais ist solange verboten. Aus Sicherheitsgründen.“

OK, jetzt verstehe ich das. Erst darf der Prinz von Bord. Dann wir. Eigentlich logisch···

„Ein Prinz?“, fragt meine Frau, zu gleichen Teilen nachdenklich und neugierig. „Meinst du, wir können von oben, vom Sonnendeck aus zusehen? Ich habe so was noch nie aus der Nähe beobachten können.“

Ich auch nicht. Ich zucke die Schultern.

„Ja, warum denn nicht? Wir haben ja erst einmal sowieso nichts Besseres zu tun.“

Auf dem offenen Achterdeck entdecken wir, dass wir nicht die ersten sind, die auf den Gedanken kamen, dem Staatsakt zu zugucken. Viele unsere Mitreisenden bevölkern die Reling in Erwartung der Dinge, die da kommen mögen. Trotzdem gelingt es uns, einen guten Platz direkt neben dem Flaggenstock zu ergattern, mit bester Aussicht auf den Kai. Unmittelbar hinter dem Heck unseres Schiffes, nur wenige Meter entfernt, liegt tatsächlich wie vom Gästebetreuer versprochen ein britisches Kriegsschiff vertäut, dessen Gangway ebenfalls bereits ausgefahren ist und von zwei Posten in Paradeuniform bewacht wird. Es herrscht ein emsiges Kommen und Gehen dort drüben. Alle möglichen Leute in Uniform und Zivil hasten die Gangway hoch und wieder hinunter. Auf dem Kai, nur fünfzig oder vielleicht sechzig Meter von uns entfernt, wird gerade ein großer, roter Teppich ausgerollt und eine etwas altertümlich wirkende Kanone im Hintergrund vor einem der Lagerhäuser, die den Kai säumen, aufgestellt. Nicht ohne gründliche Prüfung der Windrichtung übrigens; schließlich will man ja den Hochadel nicht im Pulverdampf ersticken. Eine Abteilung von Soldaten mit auf Hochglanz polierten Stiefeln, die in der Sonne mit den Rangabzeichen um die Wette funkeln, marschiert im zackigen Gleichschritt auf. Auch eine Militärkapelle bezieht Stellung und macht sich bereit. Sieht so aus, als würde das Zeremoniell jeden Augenblick beginnen.

Das Zeremoniell dauert eine gute Stunde.
Zunächst fährt mehr als ein Dutzend örtlicher Würdenträger vor, jeder in einer dunklen und zweifellos gepanzerten Oberklassenlimousine, jeder von einer Motorradeskorte begleitet, zweifellos alle in genau geplanter Reihenfolge und in genau festgelegtem Zeitabstand.
„Hätten die nicht alle zusammen einen Bus nehmen können?", meint meine Frau kritisch. „Das wäre doch praktischer, billiger und umweltfreundlicher gewesen!"
„Ja, aber bei weitem nicht so repräsentativ", erkläre ich ihr kurz, während ich mich bemühe, ihren in schneller Folge erteilten Anweisungen hinsichtlich der gewünschten Fotoaufnahmen nach-

zukommen. Dann erscheint der Prinz auf der Gangway seines Kriegsschiffs, begleitet von seiner Frau und seinem Hofstaat, die, zweifellos dem Hofprotokoll folgend, jeweils einige Schritte voneinander getrennt auftreten. Würdevoll schreitet er auf den roten Teppich, würdevoll werden Hände mit den bereits erwähnten Würdenträgern geschüttelt, alle zweifellos in vorher minutiös ausgearbeiteter Abfolge. Zwei oder drei der Honoratioren halten würdevolle Ansprachen, deren Text zweifellos bereits vor Wochen bis zur letzten Silbe zwischen den Außenministerien abgestimmt wurde.
Die Kapelle spielt – keine echte Überraschung – „God save the Queen", und meine Frau beginnt leise zu kichern.
„Als wir das das letzte Mal hörten, wurde es von vier Tunesiern auf arabischen Instrumenten gespielt", meint sie, „kannst du dich erinnern?"
Ich nicke; werde ich nicht so schnell vergessen. Da hinterlässt die Militärkapelle zweifellos den besseren Eindruck.
Königlich, wenn man so will…
Laut donnernd hallen einundzwanzig Salutschüsse aus der alten Kanone, alle zweifellos in bis auf die Zehntelsekunde genauem Zeitabstand abgefeuert, über den Kai. Gemessenen, würdigen Schrittes inspiziert der Prinz, begleitet vom Regierungschef, die Phalanx des vorbildlich stramm stehenden Ehrenbataillons. Erneut werden Hände geschüttelt, während nach und nach – in zweifellos genau abgesprochener Reihenfolge – die Luxuslimousinen wieder vorfahren und ihre Besitzer abholen, als letztes den Staatsgast samt Frau.
Und ganz zum Schluss, als der königliche Rolls-Royce unser Schiff passiert, da passiert etwas, was man zweifellos als spontane Geste werten muss: Plötzlich senkt sich doch tatsächlich die getönte Seitenscheibe des Autos ein zweifellos auf den Millimeter festgelegtes Stückchen… und eine königliche Hand winkt uns nicht eingeplanten Zaungästen ausgesprochen würdevoll und für eine zweifellos genau bemessene Zeit zu, während um mich herum die Auslöser der Kameras klicken.
Hochrufe ertönen.

„Hip, hip, hurra!", schreit einer unserer Mitreisenden begeistert, ohne allerdings auf ein großes Echo zu stoßen. Zweifellos zu seiner Enttäuschung.
„Er hat mir zu gewunken!", keucht eine ältere Engländerin und sinkt ihrem Ehemann vor Entzücken halb bewusstlos in die Arme. „Seine königliche Hoheit hat mir zu gewunken!"
„Na ja, zweifellos hat er sie ja überhaupt nicht sehen können", flüstert mir meine Frau trocken zu.
Ich nicke; wie immer hat sie zweifellos recht. Aber trotzdem immer wieder schön, die Liebe eines Volkes zu seinem Herrscherhaus aus der Nähe erleben zu dürfen.

Der Fahrzeugkonvoi verschwindet in der Ferne. Das Ehrenbataillon der blitzenden und blinkenden Soldaten marschiert zackig davon, gefolgt von der Kapelle. Die alte Kanone wird abtransportiert. Der Lautsprecher unseres Schiffes verkündet, dass die Sperrung des Kais ab sofort aufgehoben sei und wir nun ebenfalls von Bord dürfen. Ich packe die Kamera ein.
„Das war doch mal was!", meint meine Frau anerkennend, während wir uns auf den Weg zur Gangway begeben. „So was sieht man nicht alle Tage!"
„Zweifellos!", erwidere ich. „Und in der Stadt, da stoßen wir mit einem Gläschen Rum auf den Prinzen und sein Schauspiel an, was meinst du?"
Meine Frau nickt.
„Allerdings", mahne ich sie, „werden wir dabei zweifellos auf jegliches Zeremoniell verzichten!"

Faulpelz

Es ist früh am Morgen. Die Sonne wirft zaghaft einen freundlichen, gelben Lichtstrahl durch die raumhohen Fenster unserer Kabine, den sie aber – gleichsam erschreckt – sofort wieder erlöschen lässt, als ein neuer Regenschauer über unseren Balkon peitscht. Draußen gleitet der Hafen von Rotterdam an uns vorbei, und unsere Stimmung ist eigentlich genau wie das Wetter: bedrückt.
Heute ist nämlich nicht irgendein Ferienmorgen, nein. Heute ist Ausschiffungstag. Unsere Reise ist zu Ende. Wir werden jetzt noch einmal frühstücken, und dann geht's per Bus zurück zum Flughafen.
Zurück nach Hause.
Nach Hause, wo leider nirgendwo Personal auf uns wartet, um uns freundlich zu begrüßen und uns die Tür aufzuhalten.
Kein Koch, der auf Bestellung die besten Mahlzeiten zaubert.
Kein netter Kellner, der diese Mahlzeiten formvollendet serviert, uns guten Appetit wünscht und danach das gebrauchte Geschirr gleich wieder mitnimmt.
Ach, was für ein Mist…

„Sag mal, müssen wir eigentlich unser Handgepäck mit ans Frühstücksbüffet nehmen?", fragt mich meine Frau.
Ich schüttle den Kopf: „Nein, laut Bordzeitung können wir bis unmittelbar vor der Ausschiffung in unserer Kabine bleiben. Wir gehen zum Frühstück, und danach holen wir die Sachen ab. Und wenn wir Zeit haben, kannst du dich auch noch ruhig ein paar Minuten hinlegen."
Diese Regelung ist eine nette Geste der Reederei, wie ich finde. Andere Gesellschaften sind da nämlich wesentlich rigoroser und setzen ihre Gäste spätestens zu einer bestimmten, meist recht frühen Uhrzeit vor die Tür, damit die Kabinen für die nächsten Gäste gereinigt und bezugsfertig gemacht werden können. Aber wir fahren diesmal halt mit einer Reederei des Premium-Sektors, und da hat man ja einen Ruf zu verlieren. Also stellen wir unser Handgepäck

ordentlich auf den Tisch in der Wohn-Ecke unserer Kabine, ziehen die Tür hinter uns ins Schloss und stürzen uns ins Frühstücksgetümmel.

Als wir eine gute halbe Stunde später zurückkommen, finden wir unsere Kabine sperrangelweit offen vor. Ein Wäschesack liegt mitten im Eingang, um die Tür am Zufallen zu hindern. Auch die Badezimmertür ist geöffnet. Wir klettern über den Sack, und unser Kabinensteward grinst uns frech aus dem Bad an. Auf der Stirn meiner Frau schwillt eine Ader. Liegt nicht nur an dem geradezu unverschämten Grinsen des Kerls, sondern daran, dass dieser Steward leider während der gesamten Reise der recht unangenehme Kontrapunkt des ansonsten hervorragenden Services gewesen ist. Oberflächlich und faul war er, um das mit wenigen, kurzen Worten zu umreißen. Und sich jetzt so über die Weisung der Reederei hinwegzusetzen, sieht ihm irgendwie ähnlich…
„Sagtest du nicht…", setzt meine Frau an, aber ich winke ab und schüttle den Kopf. Hätte keinen Sinn. Stattdessen schließe ich leise, aber nachdrücklich die Badezimmertür, damit wir unsere – Jawohl, noch unsere! – Kabine betreten können. Mit „noch mal kurz hinlegen" ist nichts mehr, das sehe ich auf den ersten Blick. Die Betten sind schon abgezogen. Die Gläser in unserer Bar sind bereits gespült. Der offensichtlich dazu verwendete Spüllappen hängt noch über einem Eimer mit trüber Brühe, aus dem auch der Griff einer Toilettenbürste ragt. Ein kalter Schauer läuft mir über den Rücken. Mein Gott, was bin ich froh, dass wir die Gläser während der Reise vor jeder Benutzung selbst mit heißem Wasser durchgespült haben! Die Blumen, die meine Frau unterwegs als Kabinenschmuck gekauft hatte, sind auch schon entsorgt – na gut, die waren ja eh verblüht.
Und unser Handgepäck…
Ja, wo zum Teufel ist unser Handgepäck!?
Ich sehe mich auf der Baustelle um, die für knapp drei Wochen unser Zuhause war: Ja, dort hinten ist es, einfach achtlos in eine Ecke geworfen. Jetzt schwillt eine Ader auf meiner Stirn, haben wir doch im Handgepäck die empfindlichen Teile unseres Gepäcks wie zum

Beispiel unsere Kameras verstaut. Wir sammeln unsere Siebensachen zusammen, ich kontrolliere kurz, ob noch alles da und funktionsfähig ist: Ja. Gott sei Dank.
Wir klettern wieder über den Wäschehaufen, und meine Frau bemerkt mit zusammengebissenen Zähnen: „Zu schade, dass wir die Bewertungsbögen schon gestern abgegeben haben. Dieser unmögliche Mensch ist dabei noch viel zu gut weggekommen!"
Ich nicke. Ist er. Meine Frau hat da wie immer recht. Wir waren viel zu gutmütig.

Später, als unser Bus zum Flughafen abfährt und wir einen letzten, wehmütigen Blick auf unser Schiff geworfen haben, schaue ich meine Frau verwundert an: „Na, was ist? Das ist doch normalerweise der Augenblick, in dem du seufzt: Ach, wie schade, dass wir den Kabinensteward nicht mit einpacken konnten!"
Meine Frau wirft mir einen prüfenden, geradezu musternden, um nicht zu sagen: stechenden Blick zu, unter dem ich mich plötzlich sehr, sehr unbehaglich zu fühlen beginne.
„Diesen Faulpelz?", fragt sie nach einer langen Sekunde. „Oh nein, vielen Dank. Einer reicht mir zuhause…"

Nicht gut genug 2 (Das Imperium schlägt zurück)*

Meine Frau und ich stehen in einer langen Schlange und versuchen, uns zu amüsieren.
Das klingt paradox?
Ist es eigentlich auch.
Normalerweise hasse ich lange Schlangen. Die umfangreichen Kontrollen, die wir immer wieder über uns ergehen lassen müssen, wenn wir von einem Landausflug an Bord zurückkehren, ärgern mich jedes Mal. Sie sind nicht nur lästig, sie sind in meinen Augen eigentlich eine Beleidigung des Gastes, unterstellt man ihm doch, ein potentieller Terrorist zu sein. Und bei dieser besonderen Reederei, mit der wir wieder mal fahren, sind die Kontrollen immer besonders scharf. Allerdings weniger wegen der Sicherheit des Gastes, sondern eher wegen der Sicherung des Bordumsatzes. In erster Linie sucht man nämlich nach Alkohol, der nicht an Bord gebracht werden darf, sondern gefälligst an Bord gekauft werden soll.

Auf unseren vergangenen Reisen mit dieser speziellen Gesellschaft führte dies zu lebhaften Schmuggelaktivitäten, deren Beobachtung einem herrlich die Wartezeit in der Schlange vertrieb. Bei der jetzigen Reise allerdings gibt es kaum Schmuggelversuche zu beobachten: Wir bereisen nämlich Norwegen, und wie überall in Skandinavien ist der Alkohol an Land teurer als an Bord, so dass Schmuggel einfach keinen Sinn macht.
Nicht einmal als sportliche Herausforderung, wie wir sie in der Vergangenheit gerne annahmen und uns einen Spaß daraus machten, Methoden zu entwickeln, die Security auszutricksen und das eine oder andere Fläschchen unerlaubt an Bord zu bringen.
Irgendwie beinahe schade, dass das diesmal nicht geht…

Meine Frau legt unsere Landausflugstasche auf das Förderband zum Röntgengerät und tritt, von mir gefolgt, durch den Rahmen des Metalldetektors. Sie will die Tasche auf der anderen Seite des

Geräts vom Band nehmen – und wird vom Sicherheitsbeamten daran gehindert.

„Was ist denn das?“, fragt er streng und zieht ein Päckchen aus ihrer Tasche.

„Fisch“, antwortet meine Frau knapp und sachlich. Und setzt trocken hinzu: „Absolut alkoholfrei!“

Wir haben nämlich den hiesigen Fischmarkt besucht und konnten einfach nicht widerstehen, zwei oder drei Stücke der regionalen Räucherspezialitäten einzukaufen.

Gut verpackt, natürlich.

Doppelt eingeschweißt.

Und selbst ungekühlt garantiert wochenlang haltbar. Garantiert.

„Fisch?“, fragt der Sicherheitsmann zweifelnd. „Nein, den dürfen Sie aber nicht mit an Bord nehmen!“

„Warum denn nicht?“, fragt sein Kollege plötzlich und für mich völlig überraschend. Er hat eine Liste in der Hand und studiert sie angestrengt. „Von Fisch steht hier nichts!“

„Nein, Fisch darf nicht an Bord!“, erklärt Sicherheitsmann Nr. 1 streng. „Aus Sicherheitsgründen!“

„Sicherheit?“, mische ich mich ein. Ich bin jetzt, zugegeben, etwas verärgert. „Meinen Sie, wir wollen mit einem Pfund Räucherlachs das Schiff in die Luft jagen? Wie um alles in der Welt soll Räucherlachs die Schiffssicherheit gefährden?“

„Ja, das weiß ich eben auch nicht!“, sekundiert mir Sicherheitsmann Nr. 2 und nickt eifrig.

„Nein, der Fisch darf nicht an Bord“, wiederholt Sicherheitsmann Nr. 1 und weist seinen Kollegen mit viel Autorität in der Stimme an, unser Fischpäckchen zu beschlagnahmen. Sicherheitsmann Nr. 2 nimmt tatsächlich unser Fischpäckchen an sich, wiegt es zweifelnd in der Hand und schaut sich vergebens um, wo er es verstauen soll.

„Ja – und was soll ich denn jetzt damit machen?“, fragt Nr. 2 zweifelnd und ein bisschen ratlos.

Nr. 1 zuckt die Achseln.

„Gib ´ ihn der Küche, die sollen ihn aufbewahren.“

„Ich will aber meinen Räucherlachs nicht abgeben!“, begehrt meine Frau auf. „Was soll denn dieser Unfug?“
„Den bekommen Sie ja am Ende der Reise zurück“, erläutert Sicherheitsmann Nr. 1 besänftigend. „Am letzten Tag. Direkt auf Ihre Kabine.“
Gleichzeitig drückt mir Nr. 2 eine Empfangsquittung in die Hand, und unser schöner Lachs verschwindet in einem großen Behälter, der eigentlich für den illegalen Alkohol gedacht ist.
Ich zucke nach einer Sekunde des Nachdenkens die Schultern.
Albern.
Aber was soll ´ s.
Schließlich wollen wir unseren Lachs ja auch nicht an Bord, sondern erst zu Hause futtern···

Am letzten Abend am Bord stehe ich mit meiner Quittung an der Gästebetreuung. Es ist mittlerweile 21.00 Uhr. Unsere Koffer sind für die morgige Ausschiffung gepackt. Was natürlich fehlt, ist unser leckerer Räucherlachs. Die nette Dame an der Gästebetreuung wirft einen kurzen Blick auf die Quittung.
„Ach so, nein, das Päckchen liefern wir nicht auf die Kabine“, erklärt sie leichthin. „Diese Sachen werden morgen früh direkt an der Gangway zurückgegeben. Sie können es ja dann am Flughafen noch in den Koffer packen.“
Ich nicke.
Soll mir recht sein.

Am nächsten Morgen verlassen wir das Schiff. Unsere Reise ist zu Ende. Wirklich schade.
Einige Besatzungsmitglieder wünschen uns eine gute Reise, und ein Sicherheitsmann steckt unsere Bordkarten ein letztes Mal ins Lesegerät, das sie mit einem „Ping!“ registriert.
So, nun sind wir offiziell von Bord gegangen.
Hinter dem Lesegerät, direkt neben der Gangwaypforte, ist ein Tisch aufgestellt, auf dem sich alle möglichen Pakete und Päckchen häufen.
Ah ja.

Ich präsentiere meine Quittung. Der Steward hinter dem Ausgabetisch wirft einen langen Blick darauf.
„Tut mir leid, aber das da ist nicht hier!", erklärt er uns. „Das müssen Sie im Speisesaal abholen."
„Was um Himmels Willen tut denn mein Räucherlachs im Speisesaal?", erkundigt sich meine Frau erbost, aber das weiß der Steward nicht.
„Sie müssen in den Speisesaal", erklärt er nochmals und wendet sich dem nächsten Gast zu.
„Komm!", sage ich resigniert zu meiner Frau und gehe auf die Gangway. Zum einen würde man uns wahrscheinlich gar nicht mehr zurück an Bord lassen, zum anderen haben wir nur sehr wenig Zeit, und unser Transfer ist wichtiger als der Lachs.
„Ich kann doch meinen Lachs nicht da lassen!", empört sie sich, aber ich schüttle den Kopf.
„Doch, geht nicht anders. Wahrscheinlich servieren sie ihn heute zum Dinner. Tja, so wie ´ s aussieht, waren diesmal wir einfach nicht gut genug."

* siehe Kurzgeschichte „Nicht gut genug" in „Mehr Urlaub auf hoher See"

Die Flucht

Meine Frau und ich stehen, unser Handgepäck zu unseren Füßen, in einem großen Pulk anderer Passagiere an der Gangwaypforte unseres Schiffes. Heute geht unsere Kreuzfahrt zu Ende. Unser Schiff hat hier in Valencia vor einer knappen Viertelstunde festgemacht, und wir warten jetzt auf die Freigabe durch die spanischen Behörden. Wir dürfen dann nämlich von Bord.
Endlich...

Die Vokabel „endlich" verwenden wir im Zusammenhang mit dem Ende einer Kreuzfahrt eigentlich selten. Extrem selten. Genauer gesagt: Wir haben sie bisher noch nie verwendet.
Egal, ob wir bisher auf einem Schiff des Luxus- oder Standardsektors reisten, egal, ob wir sehr oder manchmal etwas weniger zufrieden waren, noch nie waren wir so genervt, dass wir das Ende unserer Reise herbeisehnten.
Noch nie.
Bis jetzt.
Aber irgendwann ist ja immer das erste Mal.
Dabei ist dieses spezielle Schiff eigentlich recht hübsch und war früher wohl mal wirklich elegant gewesen, das konnten wir an der einen oder anderen Stellen noch deutlich erkennen. Aber die Reederei hat es, wohl unter dem Zwang zum Sparen, einfach verkommen lassen. Dazu – Stichwort Sparen – gab es noch eine Verpflegung, die fast nicht genießbar war. Das Ganze ergänzt durch entsetzlich ungehobelte Mitreisende. Insgesamt war es eine widerliche Woche, die wir hier verbrachten.
Ein Fiasko, mit einem Wort.
Als ob sie meine Gedanken lesen könnte, meint meine Frau unvermittelt: „Ich glaube, wäre das unsere erste Kreuzfahrt gewesen, wir hätten nie eine zweite unternommen!"
Ich nicke. Sie hat da zweifellos Recht. Aber das muss man bei meiner Frau nun wirklich nicht extra betonen···

Ein Offizier wendet sich an die wartende Menge und verkündet, dass das Schiff eben durch die Hafenbehörden freigegeben wurde. Man könne daher mit der Ausschiffung beginnen und bitte alle Passagiere mit einem rosa Gepäckabschnitt – nur die mit rosa Gepäckabschnitt! – zur Gangway zu kommen.
„Rosa!", ruft mir meine Frau aufgeregt zu. „Das sind wir! Vorwärts!"
Gleichzeitig setzt sie sich in Bewegung, und ich folge ihr eine Zehntelsekunde später. Was aber leider eine Zehntelsekunde zu spät ist. Die Menschenmenge stürmt nämlich auch vorwärts. Da spielt es für die meisten überhaupt keine Rolle ob sie rosa, rote, blaue oder grüne Gepäckabschnitte besitzen. Na ja, kennen wir ja von der vergangenen Woche zur Genüge. Ich stelle ebenfalls einen großen Teil meiner Rücksicht beiseite und stürze mich ins Gewühl, ungeachtet der spanischen Beschimpfungen, die um mich herum ertönen. Sorry, Leute, aber um das alles zu verstehen, reicht mein Spanisch leider nicht. Hä, hä, hä···
Ich erreiche die Pforte, händige dem Sicherheitsmitarbeiter meine Bordkarte aus, damit man mich zum letzten Mal aus der Passagierliste ausbuchen kann, und sehe im Augenwinkel, wie meine Frau eben die Gangway hinab stürmt. Ich schmunzle ein wenig. Eigentlich hat sie ja massive Rückenprobleme, aber die Mühelosigkeit, mit der sie jetzt ihre kleine Reisetasche schwenkt, lässt nichts davon erkennen. Zumindest im Augenblick nicht···
Ich falle in einen leichten Trab, versuche, meine Frau einzuholen. Vergeblich. Sie will hier weg. Sofort. Erst am Ausgang des Terminals gelingt es mir, aufzuschließen, als ein Ordner der Hafenbehörde sie aufhält und ihr auf Spanisch etwas erzählt.
„Was will der?", fragt sie mich ungeduldig über die Schulter.
„Er weist uns darauf hin, dass unsere Koffer dort drüben auf uns warten", erkläre ich ihr, unter der Anstrengung leicht keuchend.
„Dort drüben? Ja, worauf wartest du noch? Wir werden hier auch nicht jünger!"
Mit diesen Worten sprinten wir zur Gepäckausgabe, wo ich auf Anhieb – Juhu! – unsere beiden Koffer identifizieren und bergen kann.
„Ausgang?", fragt meine Frau knapp und sieht sich suchend um.

„Dort drüben!", weise ich genauso knapp in die richtige Richtung. Und da ich mich jetzt mit den Koffern nicht so flott bewegen kann, muss ich wieder zusehen, wie meine Frau durch das Ausgangstor des Terminals auf die Straße schießt und auf den Taxistand zusteuert. Der Taxieinweiser wirft einen Blick in ihr Gesicht, erkennt ihre eiserne Entschlossenheit und weist ihr – seine Miene spiegelt nur noch blanke Angst vor meiner besseren Hälfte wider – auf der Stelle das nächstbeste Taxi zu, wo sie sofort den Schlag aufreißt, noch bevor der Fahrer aussteigen kann.
„Wo bleibst du denn?", ruft sie aufgebracht in meine Richtung, als es mir endlich gelingt, mich mit unseren beiden Trolleys an zwei älteren Damen mit Rollatoren vorbei zu zwängen.
„Bin ja schon da", ächze ich und nicke dem Taxifahrer dankbar zu, als er mir die Aufgabe abnimmt, die Koffer im Kofferraum zu verstauen. Ich lasse mich neben meiner Frau auf die Rückbank sinken, erkläre unserem Fahrer unser Ziel und bin immer noch mit Sicherheitsgurt beschäftigt, als er Gas gibt und davon braust.

„Wie lange haben wir jetzt gebraucht?", unterbricht meine Frau auf einmal das Schweigen. Ich gucke kurz auf meine Armbanduhr, werfe dann verdutzt einen längeren Blick aufs Zifferblatt.
„Genau fünf Minuten", informiere ich meine Frau und setze staunend hinzu: „Muss ein neuer Rekord für eine Ausschiffung sein!"
Meine Frau lehnt sich ins Sitzpolster zurück, während Valencia an den Fenstern an uns vorbei gleitet, und seufzt.
„Nein, bei diesem Schiff war das keine Ausschiffung. Das war ganz einfach nichts anderes als eine Flucht…"

Geschäftsmodell

Es ist später Nachmittag. Ich bin eben von der Arbeit nach Hause gekommen, habe es mir in meinem Lieblingssessel bequem gemacht und gehe meine E-Mails durch. Irgendwie schon komisch, wie schnell man sich an den Fortschritt gewöhnt, sinniere ich müßig. Früher hätte mich mein erster Weg zum Briefkasten geführt. Aber dort kommt mittlerweile kaum noch etwas an, was wichtig wäre. Nur noch Werbung. Mittlerweile vergesse ich sogar gelegentlich, den Kasten zu leeren. Aber die E-Mails, die checke ich täglich. Dort finden sich die bedeutenden Nachrichten···

So wie diese. Eine Mail der Reederei, bei der wir vor einigen Monaten eine Reise für nächstes Jahr gebucht haben. Der italienischen Reederei, die auf ihren Schiffen stets Schornsteine verwendet, die wie große, gelbe Mülleimer aussehen. Ich lese die E-Mail zweimal, bevor ich aufsehe.

„Schatz, wir haben ein Problem", muss ich seufzend meine Frau informieren. „Die Reederei hat unsere Reise abgesagt. Man braucht das Schiff", ich gucke nochmals vorsichtshalber in die E-Mail, „man braucht es in Südamerika und nicht im indischen Ozean."

„Na, klasse!", entgegnet meine Frau seufzend. „Und jetzt? Wie geht ´ s weiter? Was bieten sie uns an?"

Auch ich seufze.

„Sie haben uns kurzerhand auf eine andere Reise umgebucht", erkläre ich ihr. „Abfahrt ist nicht in Dubai, sondern in Mumbai, Dauer ist nicht drei, sondern zwei Wochen, aber dafür liegt der Tagespreis nur 35 % über dem, zum dem wir ursprünglich buchten."

„Man hat uns umgebucht?", fragt meine Frau. „Einfach so? Ungefragt? Spinnen die?"

„Na ja", halte ich entgegen, „sie sind aber so großzügig, uns eine kostenfreie Stornierung anzubieten."

„Ich kann ´ s nicht glauben", staunt meine Frau. „So geht ´ s aber nicht! Tu was!"

Aber gerne. Der Wunsch meiner Frau ist mir Befehl. Umso mehr, als sie natürlich Recht hat. So geht ´ s nämlich wirklich nicht.
Also schreibe ich an die Reederei. Erkläre, mit der Umbuchung nicht einverstanden zu sein. Verlange unsere Anzahlung zurück. Und verlange, wenn wir schon dabei sind, auch Schadenersatz wegen entgangener Urlaubsfreude, der uns in solchen Fällen von Rechts wegen zusteht. Da sprechen wir über einen nicht unbedeutenden Betrag, nämlich über mindestens 50 % des Reisepreises, also bei unserer Reise über fast 3000 €. Das wird der Gesellschaft richtig wehtun, das ist mir klar. Aber sie hätten ja auch vertragstreu bleiben können, oder?

Die Reederei reagiert umgehend. Nur wenige Tage später erhalte ich eine Mitteilung, in der man bedauert, dass wir die Reise storniert haben. Außerdem informiert man uns, dass man keinerlei Grundlage für eine Entschädigungszahlung sehe. Beiliegend ist auch eine Stornorechnung, in der man für die Stornierung einen hohen dreistelligen Betrag aus unserer bereits geleisteten Anzahlung einbehält.
„Soll das heißen", fragt meine Frau zweifelnd, „dass wir für eine Stornierung, die wir noch gar nicht aussprachen, für eine Reise, die wir nie buchten, nun noch Geld zahlen sollen aus der Anzahlung für eine Reise, die gar nicht stattfindet?"
„Du hast ´ s erfasst!", erwidere ich verärgert. Und bevor meine Frau mich wieder auffordert, etwas zu tun, erkläre ich ihr, dass ich jetzt einen Rechtsanwalt einschalten werde.
„Aber keinen Wald- und Wiesen-Anwalt!", setze ich hinzu, „sondern einen Fachanwalt für Reiserecht!"
Mit schwebt da nämlich auch schon ein bestimmter Name vor. Bei uns in der Gegend gibt ´ s doch sogar einen Spezialisten für Kreuzfahrtrecht···

Der Anwalt übernimmt unsere Vertretung, und ab da entwickelt die Sache fast schon Unterhaltungswert. Nach dem Austausch einiger netter Briefe, in der sich die Beteiligten formvollendet beleidigen – der „Gipfel der Inkompetenz" ist da eine der harmloseren Formu-

lierungen – kapituliert die Reederei dann auch recht schnell. Man zahlt uns die geforderten 50 % Schadensersatz, erstattet die volle Anzahlung und übernimmt die Anwaltskosten.
„Na bitte, geht doch!“, kommentiert meine Frau erfreut und meint dann nachdenklich: „Vielleicht hätten wir von Anfang an mehr verlangen sollen?“
„Ach was“, winke ich ihre Frage beiseite, „der nächste Urlaub ist damit schon halb bezahlt. Und ich hab ´ jetzt auch eine andere Reise gefunden.“
War übrigens nicht so ganz einfach. Da wir zeitlich bereits festgelegt sind, war die Auswahl an interessanten Kreuzfahrtangeboten eher dürftig. Aber mit ein bisschen gutem Willen geht dann doch noch was.
„Aber hoffentlich nicht wieder bei den Italienern?“, fragt meine Frau streng.
„Natürlich nicht!“, halte ich entrüstet entgegen.
Wäre ja wirklich blöd. Nein, es handelt sich natürlich um eine andere Reederei. Eine amerikanische diesmal. Ein Tochterunternehmen der zweitgrößten Kreuzfahrtgesellschaft der Welt. Deren Schiffe immer ein großes „X“ auf dem Schornstein tragen.
„Soll ich buchen?“, frage ich meine Frau, und sie nickt.
Na also. Der Urlaub für nächstes Jahr ist gerettet···

„Schatz, wir haben ein Problem!“, muss ich wenige Wochen später meine Frau wieder informieren, diesmal nach einem Telefonat mit unserem Reisebüro. „Die amerikanische Reederei hat unsere Reise abgesagt. Man braucht das Schiff in der Karibik statt im Mittelmeer.“
Meine Frau lässt den Kopf mit einem hörbaren „Poch!“ auf den Couchtisch sinken.
„Das gibt`s doch nicht!“, meint sie dann müde. „Schon wieder! Die haben ´ s alle auf uns abgesehen! Und, hat man uns wieder zwangsweise umgebucht?“
„Nein“, entgegne ich ebenfalls müde. „Man bietet uns nur eine kostenlose Umbuchung auf eine andere Reise an. Zum Tagespreis allerdings. Und 200 $ Bordguthaben.“

„Oh! Wie großzügig!", höhnt meine Frau. „Lass mich raten. Ansonsten dürfen wir gnädiger Weise kostenlos stornieren?"
„Genau!", bestätige ich und setze hinzu: „Ja, ich schreibe sofort an die Reederei wegen des Schadensersatzes. Mittlerweile haben wir ja Übung, nicht wahr?"

Die amerikanische Reederei reagiert umgehend. Nur zwei Tage später erhalte ich die Mitteilung, dass man bedauere, dass wir storniert haben, unsere Forderungen aber in vollem Umfang anerkenne. Und man bittet höflich um unsere Bankverbindung, damit man uns den geforderten Schadensersatz überweisen kann.
„Bitte?", fragt meine Frau und bietet dabei das Bild grenzenloser Verblüffung. „Sie zahlen? Einfach so? Ohne Anwalt?"
„Ja, so sieht ´s aus", erwidere ich, nicht minder staunend. „50 % des Reisepreises, wie gefordert."
„Und wie viel ist das diesmal?", will meine Frau wissen.
„Ungefähr 2100 €", erkläre ich ihr.
„Hm···", meint meine Frau nachdenklich. „Wir haben also in wenigen Wochen insgesamt rund 5000 € bekommen? Fast ohne Anstrengung? Nur, weil die Reedereien nicht zu ihren Buchungen standen?"
Ich nicke. Genauso ist es.
Meine Frau schaut nachdenklich für eine lange Minute aus dem Fenster in den Garten.
„Geh doch gleich mal ins Internet", weist sie mich schließlich an, „und schau mal, ob du nicht noch auf die Schnelle ein paar Reisen findest, die nicht durchgeführt werden. Vielleicht kann ich ja dann mit dem Arbeiten aufhören!"
Sie schweigt wieder kurz.
„Also, wenn wir das professionell aufziehen können", meint sie nachdenklich, „dann wird das ein wirklich tolles Geschäftsmodell···"

Leichtes Gepäck

Meine Frau und ich stehen am Flughafen in der Warteschlange vor dem Check-in-Schalter unserer Fluggesellschaft. Unsere Kreuzfahrt ist heute zu Ende gegangen, und wir wollen jetzt mitsamt unserem Gepäck nach Haus fliegen. Irgendwie ist das der einzige Nachteil bei einer Kreuzfahrt: Man muss für verschiedene Anlässe die passende Kleidung dabei haben, vom Landausflug bis zum Gala-Abend, und hat daher immer die Koffer ziemlich voll.
Und wenn wir ehrlich sind – von nach Hause fliegen „wollen", kann nun wirklich nicht die Rede sein. Nicht im Geringsten. Wir müssen···
Wir haben pflichtbewusst und vorbildlich gestern Abend an Bord des Schiffes sogar online eingecheckt und unsere Bordkarten bereits in Händen, aber da unsere Gesellschaft hier nur einen Schalter und keinen Bagage-Drop-Off anbietet, hätten wir uns das eigentlich schenken können. Entsprechend zäh rückt auch die Schlange vorwärts. Entnervend.

Aber jetzt. Vor uns ist nur noch ein Fluggast, eine kleine, zierliche Asiatin, die einen großen Koffer in der Hand hält und über die andere Schulter eine Umhängetasche trägt. Wir haben uns schon gewundert, dass sie ihr Gepäck während des Wartens nicht absetzte, aber bitte, jeder, wie er will.
Die Asiatin rückt jetzt zum Schalter vor, und hebt unter sichtbarer Kraftanstrengung den Koffer um die zehn Zentimeter in Höhe, die noch benötigt werden, um die Unterkante der Gepäckwaage zu überwinden, und lässt ihn erleichtert auf die Waage plumpsen.
Es ist ein kräftiger Plumps. Beinahe schon ein leiser Knall. Ein Knall, den ich direkt als leichte Erschütterung in den Füßen spüren kann. Oha···
„Da hat aber jemand ein ganz klein wenig Übergepäck!", merkt meine Frau zu gleichen Teilen belustigt und kritisch an, und wie immer hat sie recht. Sogar mehr als sonst. Denn kaum lässt die Asiatin den Koffergriff los, bekommt sie eine böse Schlagseite in die Richtung

in der sich ihre Umhängetasche befindet. Ohne das Gegengewicht ihres Koffers neigt sie sich immer weiter zur Seite und kann letztendlich nur dadurch einen Sturz verhindern, indem sie die Umhängetasche fallen lässt.
Ein zweiter, deutlich spürbarer Plumps.
Oha, oha···
Die Bodenmitarbeiterin hinter dem Check-in-Schalter wirft einen genervten Blick auf ihren Fluggast und dann auf die Anzeige der Waage.
„Kannst du erkennen, wie viel das Zeug wiegt?", fragt mich meine Frau neugierig, und ich kneife die Augen zusammen. Ja, kann ich, da die Waage eine hell leuchtende Digitalanzeige besitzt.
„39,5 Kilo", informiere ich meine Frau. „Allerdings nur der Koffer."
„Respekt!", erhalte ich als Antwort. „Das hätte ich allein gar nicht tragen können."
Auch hier hat sie recht. Und mein Respekt vor der Leistungs- und Leidensfähigkeit der zierlichen Asiatin wächst, als die Bodenhostess misstrauisch auch die Umhängetasche auf die Waage packen lässt. Die, so stellt sich sehr schnell heraus, wiegt nämlich noch mal fast 36 Kilo...
„Wahnsinn!", kommentiert meine Frau. „Jetzt bin ich aber gespannt. Ob man sie das ganze Zeug mitnehmen lässt?"

Man lässt sie nicht, wie wir eine knappe halbe Stunde später endlich, endlich feststellen dürfen. Eine knappe halbe Stunde deswegen, weil sich die zierliche Asiatin nicht nur als körperlich fit, sondern auch als äußerst selbstbewusst und anspruchsvoll erweist. So braucht es neben der Check-in-Mitarbeiterin auch noch deren Chefs, eines Vertreters der Fluggesellschaft und zu guter Letzt eines Dolmetschers, um ihr zu verdeutlichen, dass fast 80 Kilo keinesfalls als Freigepäck mitgenommen werden dürfen.
Und noch schlimmer, nein, auch gegen Gebühr geht das wirklich nicht. Ein Gepäckstück, so erklärt man ihr aufwändig und geduldig, darf nämlich nicht mehr als 32 Kilo wiegen, und da liegen ihre beiden Stücke ja auch ganz leicht drüber. Der einzige Weg für den Koffer und die Tasche sei also, sie als Luftfracht aufzugeben.

Drüben im Luftfrachtterminal, wenn ´ s recht ist.
Und die Kosten? Na jaaaaa…
„Vermutlich wäre sie billiger weggekommen, wenn sie einfach das Flugzeug gekauft hätte", meint meine Frau, als die Asiatin schließlich mit einer Leichenbittermiene den Schalter verlässt, ihre beiden Gepäckstücke auf einen Trolley geladen, den man ihr seitens der Gesellschaft organisiert hat. Als Zeichen der Versöhnung, gewissermaßen.
„So, jetzt sind wir endlich dran!", meint meine Frau erleichtert und lässt gleichzeitig einen kritischen Blick über unsere eigene, kreuzfahrttypische Koffersammlung schweifen. „Hoffentlich kriegen wir keine Probleme!"
Ich schüttle den Kopf.
Nein, kriegen wir nicht.
Unsere Koffer halten nämlich nicht nur von den Außenmaßen her die Vorgaben unserer Fluggesellschaft peinlich genau ein. Ich habe auch die Gewichtsgrenzen ganz genau beachtet. Unsere beiden Kabinentrolleys wiegen jeweils knapp die zugelassenen sechs Kilo, und die beiden großen Koffer bringen 21 bzw. 22 Kilo auf die Waage und liegen damit noch unter den erlaubten 23 Kilo.
Alles in allem haben wir genau 54 Kilogramm dabei.
Alles genau nach Dienstanweisung, gewissermaßen.
„Ja, auch auf einer Kreuzfahrt hat es halt einfach seine Vorteile", sage ich zufrieden zu meiner Frau, während ich den ersten Koffer auf die Waage hebe, „wenn man nur mit leichtem Gepäck reist!"

Blaues Auge

Meine Frau und ich sitzen im Behandlungszimmer unseres Hausarztes. Also, genau genommen sitze nur ich. Meine Frau liegt mit gequältem Gesichtsausdruck auf der Behandlungsliege, lässt sich den Bauch abtasten und hält dabei eine Einweg-Nierenschale in der Hand. Für alle Fälle…

Vorgestern Abend haben nämlich Bauchschmerzen meine arme Frau befallen, gestern begann sie zusätzlich, sich zu erbrechen. Nicht nur einmal, sondern immer wieder. Noch nicht einmal Flüssigkeit kann sie bei sich behalten, von fester Nahrung ganz zu schweigen. Da war natürlich der Gang zum Arzt unvermeidlich.

Der Arzt beendet seine Untersuchung und schüttelt den Kopf.
„Ja, Frau Schöner, Sie haben einen schweren Magen-Darm-Infekt. Vermutlich ein Virus, vielleicht auch eine Lebensmittelvergiftung. Ich verschreibe Ihnen Zäpfchen gegen die Übelkeit und die Schmerzen, und Sie müssen versuchen, viel zu trinken. Mehr kann man da im Augenblick nicht machen, fürchte ich."
Meine Frau setzt sich ächzend auf.
„Da muss man mehr machen können. Wir wollen nämlich übermorgen verreisen."
Ich nicke, vor allem wegen des Verreisens. Wir wollen in der Tat übermorgen nach Frankfurt fahren, am folgenden Morgen nach Dubai fliegen und uns dort auf einem Kreuzfahrtschiff einschiffen. Für unseren Urlaub. Für die mit Abstand schönste Zeit des Jahres. Allerdings, so schwant mir, werden wir da wohl leichte Probleme bekommen.
Bingo.
Unser Hausarzt lacht leise und nicht sonderlich amüsiert: „Verreisen? Sie? Keine Chance. Sie bleiben mindestens die nächsten zwei Wochen im Bett!"

Und eindringlich mahnt er noch einmal: „Und Sie müssen unbedingt trinken! Viel trinken! Wenn Sie nämlich zu stark dehydrieren, dann müssen Sie sogar ins Krankenhaus."

Zuhause, meine Frau hat sich wieder in ihr Bett geflüchtet, ich habe die verschriebenen Medikamente aus der Apotheke geholt, bricht sie in Tränen aus: „Ich will aber verreisen! Ich will in Urlaub fahren!"
Ich zucke die Schultern: „Was nicht geht, geht nicht, sieh ´ s doch ein. So, wie du im Augenblick drin hängst, überstehst du doch noch nicht mal die Fahrt zum Flughafen."
„Ja, und was machen wir jetzt?"
„Wir?", gebe ich grimmig zurück, „Nun, du bleibst brav im Bett und versuchst, zu trinken. Und ich, ich storniere alle unsere Buchungen."

Ich klappe im Wohnzimmer mein Notebook auf und gehe unsere Buchungen durch. Bei einigen brauche und kann ich gar nichts machen, das sehe ich auf den ersten Blick. Die Eintrittskarten für die eine oder andere Sehenswürdigkeit sind nicht erstattbar, das Geld dafür ist futsch. Auch für die Hotels in Frankfurt und in Dubai für unser Vor- und Nachprogramm ist eine solch kurzfristige Stornierung nicht mehr möglich, aber ich mache mich trotzdem an die Arbeit. Bei einem No-show erstattet man zwar nur gerade mal zehn Prozent des Preises, nicht viel, aber immerhin besser als nichts. Auch Kleinvieh macht bekanntlich Mist.
Dann rufe ich die Buchung für die Kreuzfahrt auf. Wir haben vor einigen Wochen etliche Landausflüge und Getränkepakete zugebucht, und zu meiner Erleichterung können die bis heute Abend noch komplett und kostenfrei storniert werden. Also, weg damit, die Erstattung verspricht der Computer der Reederei umgehend unserer Kreditkarte gut zu schreiben. Bleiben noch die Kreuzfahrt selbst und die über die Reederei gebuchten Flüge. Ich rufe unser nettes Reisebüro an.
Der Berater dort hört sich bestürzt an, als ich ihm den Grund meines Anrufs erkläre.

„So kurzfristig wird nicht mehr viel rauskommen!“, meint er bedauernd, und ich nicke für mich. Ist mir klar. Aber was muss, das muss. Er verspricht mir, die Stornierung umgehend zu verarbeiten und die Erstellung einer Stornorechnung in die Wege zu leiten.

Ich lehne mich zurück. So. Das war ´ s. Unser Jahresurlaub hat sich erledigt. Bevor er überhaupt begonnen hat. Ach, was für ein Mist. Meine Frau kommt nervös ins Wohnzimmer und lässt sich erschöpft aufs Sofa fallen.
„Wie viel wird uns der Spaß denn nun kosten?“, erkundigt sie sich bedrückt.
Ich überschlage alles im Kopf und komme summa summarum auf rund 5000 Euro an Stornokosten.
„Und eine Rücktrittskostenversicherung hast du natürlich nicht abgeschlossen, oder?“, fragt sie entsetzt und meint eine der Versicherungen, die eben genau für Fälle wie den ihren, für krankheitsbedingte Reiseunfähigkeit, die Erstattung von Stornierungskosten versprechen.
„Nein, habe ich nicht“, bestätige ich leichthin. „Und zwar, weil bei meiner Kreditkarte schon eine inbegriffen ist.“
„Eine Versicherung über die Kreditkarte?“, fragt meine Frau zweifelnd und abschätzig. „Das wird ja was werden!“
„Nun, das werden wir jetzt ausprobieren“, erwidere ich und greife nochmals zum Telefon, diesmal, um dem Versicherungsunternehmen, das mit unserer Bank zusammenarbeitet, den Schaden anzuzeigen. Die werden sich freuen…

Die Kreditkartenversicherung reagiert erstaunlich schnell. Noch am gleichen Tag erhalte ich den Erstattungsantrag und andere Unterlagen, unter anderem natürlich eine Bestätigung, die unser Arzt ausstellen muss. Ich suche also über die nächsten Tage alle notwendigen Rechnungen, Bestätigung und Nachweise zusammen, stopfe zum Schluss alles in einen großen Briefumschlag und bringe ihn zur Post.
„Jetzt werden wir ja sehen“, sage ich meiner Frau, die, immer noch zweifelnd, den Kopf wiegt.

Erst mal sehen wir nichts.
Keine Rückfrage der Versicherung, was mich, zugeben, ziemlich verunsichert. Bei solch komplexen Vorgängen gehe ich nämlich eigentlich immer davon aus, dass mindestens ein unverzichtbarer Nachweis oder eine nicht zu ersetzende Bestätigung fehlt, irgendein Dokument, ohne das der Vorgang nicht bearbeitet werden kann.
Es kommt auch keine Eingangsbestätigung.
Keine Mitteilung einer Schadensnummer.
Einfach nichts.
„Siehst du!", meint meine Frau nach drei Wochen düster. „Die lassen uns hängen. Am ausgestreckten Arm verhungern."
Ich nicke; sieht fast so aus. Ich werde noch mal ein paar Tage abwarten, beschließe ich, und dann mal nachfragen.

Am nächsten Tag hole ich die Post aus dem Briefkasten und sehe auf den ersten Blick, dass auf einem der Umschläge das Logo unserer Versicherung prangt. Es ist ein dünner Umschlag, ein, höchstens zwei Blätter. Ich schlucke. Solche kurze Mitteilungen, das ist meine Erfahrung, sind in der Regel Ablehnungen. Beklommen schlitze ich den Umschlag auf. Zwei Blätter fallen heraus, wie vermutet. Das Schreiben umfasst genau drei kurze, sachlich-knappe Sätze, wie schon erwartet.
„Und?", fragt meine Frau, der es mittlerweile deutlich besser geht, gespannt. „Sie zahlen nicht, oder?"
„Doch", antworte ich ihr genauso knapp wie die Versicherung mir und kann ein erleichtertes Grinsen nicht unterdrücken. „Sie teilen mit, dass sie Kosten abzüglich der Selbstbeteiligung übernehmen und fügen einen Verrechnungsscheck bei."
Triumphierend schwenke ich den Scheck.
„Sag also nichts mehr gegen Kreditkartenversicherungen!", ergänze ich.
„Und wie hoch war die Selbstbeteiligung?", will meine Frau wissen.
Ich gucke nochmals auf das Schreiben.
„Hundert Euro", informiere ich sie.
„Wir haben also fast alles zurück bekommen?", fragt meine Frau ungläubig, und ich nicke.

„Ja, haben wir. Das nennt man wohl mit einem blauen Auge davonkommen."
„Hm···", denkt meine Frau nach. „Mit einem blauen Auge···"
Sie guckt mich verschmitzt an.
„Reich doch die hundert Euro noch mal zur Erstattung ein. Ein blaues Auge ist doch schließlich auch eine Erkrankung···"

Dumm darf man sein...

„So, haben wir ´ s geschafft?“, fragt meine Frau müde.
Sie bezieht sich mit ihrer Frage auf ein kleines Problem, das uns seit Wochen beschäftigt. Viel, viel mehr beschäftigt, als ich ursprünglich geglaubt hätte. Nämlich mit dem Problem, wie wir für unseren nächsten Urlaub eine Genehmigung für ihr Medikament bekommen···

Meine Frau leidet nämlich an chronischen Schmerzen und ist daher auf ein starkes, morphinhaltiges Schmerzmittel angewiesen. Der Begriff „Morphin“ ist aber in Dubai, wohin wir in einigen Wochen reisen wollen, ein absolutes Reizwort. Man ist dort außerordentlich empfindlich gegen alles, was man als Droge betrachtet, und verfolgt selbst den Besitz kleinster Mengen im Zehntel-Milligramm-Bereich mit drakonischer Härte. Da ist nicht nur von langjährigen Haftstrafen die Rede, sondern sogar vom Strick. Eine äußerst kitzlige Angelegenheit also, bei der man sich besser keine Fehler erlaubt, umso weniger, als meine Frau bei einer Reisedauer von mehr als drei Wochen auch definitiv nicht nur solche Kleinstmengen mitnehmen muss. Da sprechen wir bereits über mehrere Gramm des Wirkstoffs···
Immerhin habe ich, auch dank eines guten Hinweises unseres netten Reisebüros, bereits herausbekommen, dass das emiratische Gesundheitsministerium für solche Leute wie meine Frau eine Richtlinie herausgegeben hat, die genau beschreibt, unter welchen Umständen und zu welchen Konditionen diese eigentlich verbotenen Medikamente für den Privatgebrauch doch mitgenommen werden dürfen.
Und ich, ich habe diese Richtlinie in den vergangenen Wochen abgearbeitet. Genauestens. Exakt nach Dienstanweisung, wenn man so will.
Wir waren beim Arzt und haben von ihm eine Kopie des Rezepts beglaubigen lassen. Vorsichtshalber habe ich später sogar den Apotheker gebeten, die Rezeptkopie zusätzlich auch noch abzu-

stempeln. Unsere Apotheke trägt nämlich den Namen einer großen, gewissermaßen herrschaftlichen Raubkatze, und ihr Stempel wirkt dementsprechend hoheitsvoll.
„Sieht alles richtig offiziell aus!", denke ich mir beim erneuten Betrachten zufrieden.
Wir haben uns vom Arzt außerdem auf einem aus dem Internet herunter geladenen Vordruck eine Bescheinigung in englischer und arabischer Sprache geben lassen, in der er die Notwendigkeit der Medikation bestätigt. Wobei ich mangels einschlägiger Sprachkenntnisse nur hoffen kann, dass der Inhalt der arabischen Fassung tatsächlich dem der englischen entspricht.
Und wir verfügen mittlerweile auch über eine Bestätigung in englischer, französischer, spanischer und deutscher Sprache, in der unser Gesundheitsamt meiner Frau attestiert, ihre „Droge" erlaubt und rechtmäßig zu besitzen. Auf der hätte unser Arzt eigentlich nicht unterschreiben müssen, hat es aber auf meine Bitte hin doch getan. Sicher ist schließlich sicher.

Ich schüttle den Kopf.
„Nein, noch nicht ganz. Jetzt brauchen wir noch eine Einfuhrgenehmigung", erkläre ich meiner Frau.
„Und die kriegen wir wo?", will sie wissen.
Hm. Das ist eine gute Frage. Eine sehr gute Frage. Ich nehme nochmals den zwanzigseitigen Ausdruck der emiratischen Richtlinie zur Hand, den ich ordentlich in einen Schnellhefter gelegt habe, der mittlerweile durch häufigen Gebrauch aber ein reichlich zerfleddertes Erscheinungsbild angenommen hat, und studiere nochmals die Zeilen, die ich mittlerweile schon fast auswendig kann.
„Woher die Einfuhrgenehmigung kommen soll, steht da nicht", muss ich schließlich meine Frau informieren. „Ach, weißt du was, ich frage einfach mal in der Botschaft der Emiratis in Berlin nach."
Per E-Mail, natürlich. Ist ja einfach, billig und schnell.

Leider, so stellt sich jedoch heraus, ist aber die emiratische Botschaft in Berlin viel zu beschäftigt, um auf meine bescheidene Anfrage zu antworten. Ebenso wie das Konsulat in München. Und auch im Gesundheitsministerium in Abu Dhabi hat man wohl viel zu viel zu tun, als dass man dem Morphin meiner armen Frau große Aufmerksamkeit schenken könnte.

„Dieses elende, arrogante Diplomatenpack!“, zürnt meine Frau nach einer Woche vergeblichen Wartens. „Was sollen wir denn jetzt machen?“

„Na ja“, erwidere ich nach kurzem Nachdenken, „wir verfügen doch über unser eigenes Diplomatenpack. Fragen wir die doch mal.“

„Bitte?“, fragt meine Frau irritiert. „Unser eigenes…?“

„Ich frage im Auswärtigen Amt nach!“, konkretisiere ich meinen Vorschlag, fahre mein Notebook hoch und rufe die entsprechende Seite auf, wo es ganz vorbildlich sogar ein Kontaktformular gibt. Und, wenn wir schon dabei sind, geht auch noch gleich eine E-Mail an das deutsche Generalkonsulat in Dubai. Wenn die nicht wissen, bei wem wir unsere Morphin-Einfuhrgenehmigung beantragen können, wer dann?

Das deutsche Diplomatenpack funktioniert gar nicht arrogant und mit einer Geschwindigkeit, die nach der Kommunikationsverweigerung der Araber schon beinahe gruselig wirkt. Schon am nächsten Tag liegen die Antworten vor, sowohl aus Dubai als auch aus Berlin. Allerdings bringen sie uns nicht weiter.

„Das Generalkonsulat verweist auf das Auswärtige Amt“, erkläre ich meiner Frau nach Sichtung der E-Mails. „Und das Auswärtige Amt meint, unsere Unterlagen seien vermutlich ausreichend, rät aber dringend, sich vorsichtshalber nochmals bei der emiratische Botschaft zu vergewissern.“

Ich sehe, wie sich ihr Gesicht verfinstert.

„Nicht aufgeben!“, mahne ich sie. „Ich rufe nachher in der Botschaft an. Ein direktes Gespräch bringt vielleicht mehr als eine E-Mail.“

Eine Stunde später lege ich den Telefonhörer auf die Gabel. Da meine Arabisch-Kenntnisse äußerst beschränkt sind, hatte ich mich vor dem Anruf mit einigem Bangen gefragt, ob man in der Botschaft der Vereinigten Arabischen Emirate wohl Englisch oder wenigstens Französisch spricht, und ich hatte mir schon ein französisches Wör-

terbuch bereit gelegt. Vorsichtshalber. Französisch ist ja bekanntlich die Sprache der internationalen Diplomatie…
Meine Befürchtungen waren aber völlig unbegründet. Meine erste Gesprächspartnerin, offenbar in der Telefonzentrale der Botschaft, sprach Deutsch mit einem dicken Hauptstadt-Akzent.
„Ja, da verbind ick se jleich mal mitte Konsulatsabteilung", hatte sie nach Schilderung meines Anliegens freundlich berlinert.
Auch die Dame der Konsulatsabteilung, offenbar eine echte Araberin, sprach Deutsch. Eigentlich sogar besser als die Telefonistin, wenn man es genau nimmt. Aber helfen konnte sie mir nicht.
„Die Einfuhr von Morphin ist verboten!", teilte sie mir streng mit. Eine Richtlinie des Gesundheitsministeriums? Unbekannt. Ob sie vielleicht mal in Abu Dhabi nachfragen könnte? Nein, nicht notwendig. Verboten. Basta.
„Und nun?", fragt meine Frau mit Verzweiflung in der Stimme. „Rufst du jetzt in Abu Dhabi an?"
Ich schüttle den Kopf. Nein, das hätte vermutlich keinen Zweck, zumindest nicht ohne fließendes Arabisch, und über das verfüge ich nun mal nicht. Eine schwere Bildungslücke, ich weiß, ich weiß. Aber leider nicht so schnell zu schließen, fürchte ich. Ich greife wieder nach der Richtlinie mit den deutlichen Gebrauchsspuren. Vielleicht habe ich ja doch was übersehen? Ich blättere die Seiten durch, aber nein, nirgendwo wird erwähnt, woher wir diese verdammte Einfuhrgenehmigung kriegen. Nicht auf der ersten Seite, nicht auf der letzten Seite, die schwungvoll die Unterschrift des stellvertretenden emiratischen Gesundheitsministers trägt, nicht auf den ganzen Seiten dazwischen.
Oh. Einen Moment mal.
Ich habe eine Erleuchtung. Beinahe schon eine Epiphanie.
Die letzte Seite…
„Jetzt", erkläre ich meiner Frau grimmig, „jetzt feuern wir mal einfach einen Schuss ins Blaue!"

Ich rufe das E-Mail-Programm meines Rechners auf, öffne eine neue E-Mail. Im Text schildere ich mal wieder kurz unser Problem und

stelle mal wieder die Frage, woher wir die Einfuhrgenehmigung für ein privat genutztes, morphinhaltiges Medikament erhalten.
Als Adresse – ich schaue nochmals auf die Richtlinie, die der stellvertretende Minister netterweise mit vollem Vor- und Nachnamen unterzeichnet hat – trage ich sorgfältig ein: Vorname des Ministers, Punkt, Nachname des Ministers, at, Domain des Gesundheitsministeriums in Abu Dhabi.
„Und du meinst, dass die Mail durchgeht?", fragt meine Frau skeptisch. „Du weißt doch gar nicht, ob diese Adresse richtig ist?"
„Hast du was zu verlieren?", frage ich zurück und drücke auf Senden.

Die Mail geht – zugegebenermaßen zu meiner nicht geringen Überraschung – tatsächlich durch. Und wir erhalten zu meiner noch viel größeren Überraschung bereits am nächsten Tag auch eine Antwort. Vom stellvertretenden emiratischen Gesundheitsminister. In höchst eigener Person. In scharf geschliffenem Oxford-Englisch, das sein Staunen darüber, von eine paar europäischen Touristen direkt angeschrieben worden zu sein, allerdings nicht ganz verbergen kann, teilt er uns zuvorkommend mit, dass wir unter den gegebenen Umständen ausnahmsweise keine explizite Einfuhrgenehmigung benötigen. Unsere Papiere werden als ausreichend betrachtet.
„Ob das die Zöllner am Flughafen in Dubai wohl auch wissen?", denkt meine Frau laut und kritisch nach, aber ich wische ihre Bedenken beiseite.
„Ich drucke die Mail aus und nehme sie mit", versichere ich ihr gut gelaunt. „Du hast jetzt ja eine Ministererlaubnis, wenn du so willst."
Ich kichere vor mich hin: „Und wenn sie ´ s nicht glauben, können sie ja direkt per E-Mail nachfragen. Die Adresse kann ich ihnen ja geben."
Und ich setze hinzu: „Siehste mal, es ist wie immer im Leben: Dumm darf man sein, aber zu helfen muss man sich wissen!"

Über den Autoren

Stefan Schöner lebt mit seiner Familie in Unterfranken. Trotz der großen Entfernung zum Meer zählt er seit einem Jahrzehnt zum Kreis der Kreuzfahrtbegeisterten und unternimmt mindestens eine Seereise im Jahr. Als Ergebnis seiner Reisen entstanden nicht nur die auf seiner Homepage www.urlaub-auf-hoher-see.de veröffentlichten Reiseberichte, sondern auch eine Reihe von Reisegeschichten, von denen das vorliegende Buch eine Auswahl präsentiert. Bisher veröffentlichte Schöner mehrere Kurzgeschichten – unter anderem die Geschichte „Der Fund" in der Anthologie Spuren. Beim Westflügel Verlag publizierte er folgende Titel: „Urlaub auf hoher See", „T.A. Transatlantik", „Mehr Urlaub auf hoher See", „Im Trockendock" und „Nur Fliegen ist schöner"

Bildnachweis:
Umschlagillustration: Birgit Tanck, www.tanck.de
Autorenfoto: privat

Andere lieferbare Titel aus unserem Verlagssortiment:

Britannia Kuriosa
104 Seiten
20 Farb- und
25 Schwarzweißfotos
ISBN 978-3-939408-08-8
Preis 14,90 Euro

Thekenbrust & Zackendruse
Kolumnen

116 Seiten
ISBN 978-3-939408-11-6
12,50 €

Urlaub auf hoher See
Heitere Kurzgeschichten rund um die Kreuzfahrt
Stefan Schöner, 140 Seiten
ISBN 978-3-939408-12-3
13,90 €

Mehr Urlaub auf hoher See
Heitere Kurzgeschichten rund um die Kreuzfahrt
Stefan Schöner, 124 Seiten
ISBN 978-3-939408-18-5
13,90 €